Jean Paré ®

LA CUISINE SANS VIANDE

Dédicace

Sans viande, c'est sensationnel!

Photo de couverture

1. Quiche aux tomates et aux oignons
   page 94
2. Pavés de courgettes page 87
3. Taboulé page 112
4. Pâtes printanières page 145

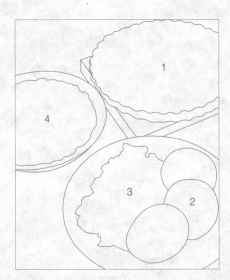

Assiette et bol fournis par :
Stokes

Serviettes fournies par :
La Cache

Fleurs coupées fournies par :
Creations By Design

LA CUISINE SANS VIANDE

Première édition, avril 1997

ISBN 1-895455-25-1

Publié et distribué par
Company's Coming Publishing Limited
C.P. 8037, succursale F
Edmonton (Alberta) Canada
T6H 4N9

Imprimé au Canada
Printed in Canada

Livres de cuisine de la collection Jean Paré

LIVRES DE CUISINE JEAN PARÉ
Français

- 150 DÉLICIEUX CARRÉS
- LES CASSEROLES
- MUFFINS ET PLUS
- LES DÎNERS
- LES BARBECUES
- LES TARTES
- DÉLICES DES FÊTES
- RECETTES LÉGÈRES
- LES SALADES
- LA CUISSON AU MICRO-ONDES
- LES PÂTES
- LES CONSERVES
- LES CASSEROLES LÉGÈRES
- POULET, ETC.
- LA CUISINE POUR LES ENFANTS
- POISSONS ET FRUITS DE MER
- LES PAINS
- LA CUISINE SANS VIANDE
- LA CUISINE POUR DEUX (septembre 1997)

COLLECTION PINT SIZE
Anglais

- FINGER FOOD
- PARTY PLANNING
- BUFFETS
- BAKING DELIGHTS
- CHOCOLATE

COLLECTION COMPANY'S COMING
Anglais

- 150 DELICIOUS SQUARES
- CASSEROLES
- MUFFINS & MORE
- SALADS
- APPETIZERS
- DESSERTS
- SOUPS & SANDWICHES
- HOLIDAY ENTERTAINING
- COOKIES
- VEGETABLES
- MAIN COURSES
- PASTA
- CAKES
- BARBECUES
- DINNERS OF THE WORLD
- LUNCHES
- PIES
- LIGHT RECIPES
- MICROWAVE COOKING
- PRESERVES
- LIGHT CASSEROLES
- CHICKEN, ETC.
- KIDS COOKING
- FISH & SEAFOOD
- BREADS
- MEATLESS COOKING
- COOKING FOR TWO (septembre 1997)

table des Matières

L'histoire de Jean Paré

En grandissant, Jean Paré a compris que l'important dans la vie, c'est la famille, les amis et les petits plats mijotés à la maison. Jean tient de sa mère son appréciation de la bonne cuisine tandis que son père loua ses premiers essais. Jean quitta la maison familiale munie de recettes éprouvées et animée de son amour des chaudrons et du désir particulier de dévorer les livres de cuisine comme des romans!

En 1963, ses quatre enfants tous entrés à l'école, Jean offrit de pourvoir la nourriture qui serait servie à l'occasion du 50e anniversaire de l'École d'agriculture de Vermilion, aujourd'hui le Collège Lakeland. Travaillant chez elle, Jean prépara un repas pour plus de mille personnes. Cette petite aventure marqua les débuts d'un florissant service de traiteur qui prospéra pendant plus de dix-huit ans et qui permit à Jean de tester une foule de nouvelles idées et de s'enquérir sur-le-champ de l'avis de ses clients — dont les assiettes vides et les mines réjouies disaient long! Qu'il s'agisse de préparer des amuse-gueule pour une réception à domicile ou de servir un repas chaud à 1 500 personnes, Jean Paré avait la réputation de servir de la bonne nourriture à un prix abordable, avec le sourire.

Souvent, les admirateurs de Jean en quête de ses secrets culinaires lui demandaient «Pourquoi n'écrivez-vous pas un livre de cuisine?». À l'automne 1980, Jean faisait équipe avec Grant Lovig, son fils, et ensemble, ils fondaient Company's Coming Publishing Ltd. qui lançait un premier titre, *150 Delicious Squares*, le 14 avril 1981. Quoique personne ne le savait à l'époque, ce livre était le premier d'une série qui deviendrait la collection de livres de cuisine la plus vendue au Canada. En 1995, Company's Coming a franchi le cap des dix millions de livres vendus.

L'époque où Jean Paré était installée chez elle, dans une chambre d'ami, est bel et bien révolue. Aujourd'hui, elle travaille dans une grande cuisine d'essai moderne sise à Vermilion (Alberta), non loin de la maison qu'elle et son mari, Larry, ont construite. Company's Coming emploie à temps plein des agents de commercialisation dans les grands centres canadiens et dans quelques villes américaines. Le siège social de l'entreprise est établi à Edmonton (Alberta) et regroupe les fonctions de distribution, de comptabilité et d'administration dans des bureaux de 20 000 pieds carrés. De plus, Company's Coming vient juste de s'agrandir de «l'Usine de recettes», en fait une cuisine d'essai et un studio de photographie de 2 700 pieds carrés, située à Edmonton.

Les livres de cuisine Company's Coming sont vendus partout au Canada et aux États-Unis et dans certains pays étrangers, le tout grâce aux bons soins de Gail Lovig, la fille de Jean. La série paraît en français et en anglais et une adaptation en espagnol est vendue au Mexique. On trouvera bientôt en d'autres formats que la collection originale à couverture souple les recettes familières de Jean Paré, toujours dans le style et la tradition qui lui ont valu la confiance de ses lecteurs.

Jean Paré a un penchant pour les recettes rapides et faciles, faites avec des ingrédients familiers. La clientèle de Jean Paré ne cesse de grossir et ce, parce que celle-ci ne dévie jamais de ce qu'elle appelle «la règle d'or de la cuisine» : ne jamais partager une recette que l'on ne préparerait pas soi-même. C'est une méthode qui a fait ses preuves — *dix millions de fois!*

avant-propos

J'ai décidé d'écrire ce livre en réponse aux nombreuses demandes que m'ont adressées des lecteurs qui sont intéressés à préparer des repas sans viande une ou deux fois par semaine. La plupart des recettes incluses dans cet ouvrage contiennent des produits laitiers ou des œufs, mais elles excluent toute viande, volaille ou poisson. Toutefois, il faut bien comprendre que ce livre ne constitue nullement une promotion ou une recommandation à l'égard d'un style d'alimentation quelconque et qu'il ne peut se substituer aux conseils d'un médecin. Il se veut simplement une source de plats délicieux et variés qui peuvent être substitués aux plats avec viande que l'on sert tous les jours. Y figurent des plats de résistance, des hors-d'œuvre, des soupes et même des desserts à forte teneur en protéines.

La cuisine sans viande a l'avantage considérable de faire l'emploi d'ingrédients nutritifs, comme des légumes, des céréales et des haricots. En effet, on néglige parfois d'inclure ces groupes d'aliments dans la planification des menus quotidiens, en dépit du fait qu'ils sont faibles en cholestérol, riches en fibres alimentaires et remplis d'indispensables vitamines. Les haricots, les pois et les lentilles (ou légumineuses, comme on les nomme parfois) sont d'excellentes et économiques sources de protéines. De plus, la cuisine sans viande ouvre la porte d'une gamme entièrement nouvelle et diverse d'idées de plats à servir à la famille ou aux amis, que l'on opte pour un repas entièrement végétarien ou simplement pour un plat afin de compléter un menu conventionnel.

LA CUISINE SANS VIANDE contient plus de 150 recettes savoureuses. Le meilleur rôti, page 81, et les colorés pavés de courgettes, page 87, sont des plats de résistance consistants. Pour relever le repas, pourquoi ne pas compléter le menu avec un succulent accompagnement comme la salade de croustilles de maïs, page 116. Pour ponctuer le festin, il suffit de choisir le fameux gâteau au fromage au tofu, page 38. Ajoutez une dimension nouvelle à la planification de vos repas!

Jean Paré

Toutes les recettes ont été analysées d'après la version la plus à jour du Fichier canadien sur les éléments nutritifs de Santé Canada, qui est inspiré de la base de données sur les nutriments du ministère de l'Agriculture des États-Unis (USDA).

Margaret Ng, B.Sc. (Hon.), M.A., R.D.
Diététiste

GLOSSAIRE

Boulghour : grains de blé qui sont cuits à la vapeur, séchés et concassés. Donne une texture élastique aux plats.

Haricots : le terme désigne les gousses de graines de diverses légumineuses. On les consomme frais ou séchés. Les haricots secs sont une excellente source de protéines, de phosphore et de fer. Les haricots frais, comme les haricots verts ou jaunes, sont communément utilisés dans leurs gousses, tandis que les haricots de Lima et les fèves-gourganes sont habituellement écossés. Les haricots secs les plus courants sont les haricots noirs, les petits haricots blancs, les pois chiches, les haricots rouges et les haricots pinto. Pour cuire 500 mL (2 tasses) de haricots, y ajouter 1,5 L (6 tasses) d'eau. Il est parfois nécessaire de rajouter 250 mL (1 tasse) d'eau bouillante au cours de la cuisson. Laisser mijoter les haricots pinto, les haricots rouges et les haricots noirs sous couvert environ 1 heure. De même, faire mijoter les haricots de Lima et les haricots blancs (petits haricots ronds blancs, haricots ordinaires) pendant 1¾ heure. Les pois chiches devraient mijoter, également sous couvert, environ 2¾ heures. Les haricots en conserve gardent mieux leur forme que les haricots secs cuits et le goût est excellent dans un cas comme dans l'autre. On peut laisser tremper les haricots pendant une nuit avant de les cuire, ce qui écourte le temps de cuisson de 20 ou 30 minutes. De plus, les sucres qui provoquent des gaz de digestion sont alors partiellement dissous. Au lieu d'employer des conserves, on peut gagner du temps en cuisant les haricots secs en grandes quantités. Lorsqu'ils ont refroidi, il suffit de les congeler en portions de 500 mL (2 tasses).

Légumineuses : famille de plantes qui produisent des graines en cosse, y compris les haricots, les pois, les lentilles, le soja et les arachides. Les légumineuses sont riches en protéines et contiennent aussi des fibres alimentaires, du calcium, du phosphore, du potassium, des matières grasses et la plupart des vitamines B. De plus, elles sont faibles en matières grasses et en sel et ne contiennent pas de cholestérol. Il faut bien laver et trier les légumineuses avant de les cuire.

Lentilles : petites légumineuses en forme de disque biconvexe. Les lentilles sont roses, jaunes ou brunes. Excellente source de protéines et de potassium, elles contiennent également du fer et du phosphore. Les lentilles cuisent plus rapidement que les haricots secs, soit en 30 à 45 minutes.

Noix : fruits secs qui renferment habituellement une amande comestible protégée par une coquille dure. Les noix sont une excellente source de calcium, d'acide folique, de magnésium, de potassium, de vitamine E et de fibres alimentaires. Elles sont riches en matières grasses monoinsaturées et ne tardent donc pas à rancir si on les entrepose trop longtemps. Pour préserver leur fraîcheur, les ranger dans un contenant hermétique, soit au réfrigérateur jusqu'à 4 mois, soit au congélateur jusqu'à 6 mois.

Riz arborio : riz italien à grains courts qui a une forte teneur en amidon. Il sert le plus souvent à la confection du risotto, page 147, mais convient également dans les poudings au riz et les soupes.

(suite...)

Riz basmati : riz à grains longs qui est vieilli pour le sécher. Il devrait être lavé et trié avant la cuisson. Ce riz aromatique à la texture fine et au goût de noix est utilisé dans la cuisine indienne de l'est et du Moyen-Orient.

Riz brun : aussi appelé riz complet ou naturel, le riz brun n'est pas dégagé de son enveloppe de son, d'où sa teneur en fibres alimentaires supérieure à celle du riz blanc. Il a un goût de noix et une texture plus élastique. On doit le conserver dans un contenant hermétique pendant au plus 6 mois, car le son risque de rancir.

Tofu : caillé obtenu du lait de soja qui est façonné en rectangles. On l'appelle aussi caillé ou fromage de soja. Lisse, élastique et soyeux, le tofu est riche en protéines et en calcium. Il devrait être conservé dans de l'eau, dans un récipient couvert, au réfrigérateur et employé dans les 2 à 3 semaines suivant l'achat car il ne se conserve pas bien. Le tofu peut être mou, moyen ou ferme; on choisira selon les besoins de chaque recette ou ses préférences personnelles.

SUBSTITUTIONS NUTRITIONNELLES

Des ingrédients qui peuvent être substitués à d'autres, afin de réduire la teneur en matières grasses ou en cholestérol des plats ou pour éliminer les produits d'origine animale pour les végétariens stricts, sont proposés dans la liste qui suit. Cependant, l'analyse nutritionnelle des plats a été faite en fonction des ingrédients donnés pour chaque recette. La substitution de certains ingrédients par d'autres peut donc changer les résultats.

Crème sure : peut être remplacée par autant de crème sure à basse teneur en matières grasses (7 % M.G.) ou sans gras. La crème sure sans gras est plus molle et convient mieux pour les plats tièdes ou chauds si on l'y mélange plutôt que comme garniture. On peut aussi remplacer la crème sure par du yogourt bas en matières grasses (moins de 1 % M.G.) ou sans gras. Ajouter 30 mL (2 c. à soupe) de farine tout usage à 250 mL (1 tasse) de yogourt pour l'empêcher de couler en cours de cuisson.

Fromage : tout fromage peut être remplacé par une quantité égale de fromage de lait écrémé ou partiellement écrémé pour réduire la teneur en matières grasses. Pour gratiner un plat garni d'un fromage de lait écrémé ou partiellement écrémé, répandre celui-ci sur le dessus du plat à la fin de la cuisson et enfourner seulement le temps que le fromage fonde. Ce type de fromage durcit s'il cuit trop longtemps.

Fromage à la crème : peut être remplacé par autant de fromage à la crème à basse teneur en matières grasses (17 % M.G.).

Fromage cottage : le fromage cottage peut être remplacé par du fromage cottage à basse teneur en matières grasses (moins de 1 % M.G.).

Gélatine : on peut remplacer la gélatine par de l'agar-agar pour éliminer tout produit d'origine animale. La gélatine est une protéine pure dérivée des os de bœuf et de veau. L'agar-agar est à base d'algues séchées et se vend dans la plupart des magasins d'aliments naturels. Prévoir 5 mL (1 c. à thé) d'agar-agar pour 250 mL (1 tasse) de liquide à épaissir.

Lait : on peut utiliser du lait écrémé en quantité égale pour réduire la teneur en matières grasses des plats.

Œufs : on peut remplacer 1 œuf entier par 2 blancs d'œufs pour réduire le cholestérol dans un plat.

Yogourt : on peut le remplacer par du yogourt bas en matières grasses (moins de 1 % M.G.) ou sans gras ou encore par de la crème sure à basse teneur en matières grasses (7 % M.G.) ou sans gras.

SAUCISSES EN SAUCE

Ces savoureuses saucisses, qui cuisent en mijotant dans une sauce foncée, plaisent toujours.

Gelée de cassis	1 tasse	250 mL
Moutarde préparée	2 c. à thé	10 mL
Ketchup	2 c. à soupe	30 mL
Sauce soja	1 c. à thé	5 mL
Saucisses au tofu, coupées en bouchées	12 oz	340 g
(ou saucisses aux légumes)		

Combiner les 4 premiers ingrédients dans une casserole moyenne. Réchauffer le tout en remuant.

Ajouter les morceaux de saucisses. Porter à ébullition. Laisser frémir jusqu'à ce que les saucisses soient chaudes. Verser dans un plat-réchaud. Servir sur des cure-dents. Donne environ 48 petits amuse-gueule.

1 amuse-gueule : 28 calories (118 kJ); trace de matières grasses; 2 g de protéines; trace de fibres alimentaires

TREMPETTE CHAUDE AU BROCOLI

C'est le fromage fondu qui en fait le succès.

Beurre ou margarine dure	2 c. à soupe	30 mL
Oignon haché	1 tasse	250 mL
Céleri, haché	1 tasse	250 mL
Brocoli haché, surgelé	10 oz	284 g
Eau, pour couvrir		
Crème de champignons condensée	10 oz	284 mL
Sel	$^1/_2$ c. à thé	2 mL
Poudre d'ail	$^1/_4$ c. à thé	1 mL
Sauce Worcestershire	1 c. à thé	5 mL
Poivre de Cayenne	$^1/_4$ c. à thé	1 mL
Cheddar fort, râpé	$1^1/_2$ tasse	375 mL
Assortiment de craquelins		

(suite...)

Faire fondre le beurre dans un poêlon. Y faire revenir l'oignon et le céleri jusqu'à ce qu'ils soient tendres.

Cuire le brocoli dans l'eau, dans une casserole. Égoutter. L'ajouter au mélange d'oignon et remuer.

Ajouter les 5 prochains ingrédients. Chauffer, en remuant souvent, jusqu'à ce que la préparation frémisse.

Ajouter le fromage et remuer pour le faire fondre.

Verser le tout dans un plat-réchaud. Servir avec un assortiment de craquelins. Donne 750 mL (3 tasses).

30 mL (2 c. à soupe) : 56 calories (234 kJ); 4,3 g de matières grasses; 2 g de protéines; 1 g de fibres alimentaires

ŒUFS DE L'EXTRÊME-ORIENT

Ils sont différents des œufs mimosa usuels. On peut mettre plus ou moins de cari.

Gros œufs	6	6
Eau froide, pour couvrir		
GARNITURE		
Huile de cuisson	1 c. à soupe	15 mL
Oignon, haché fin	¹/₂ tasse	125 mL
Poudre de cari	1 c. à thé	5 mL
Ketchup	2 c. à soupe	30 mL
Sel	¹/₄ c. à thé	1 mL
Raisins secs, grossièrement hachés	1 c. à soupe	15 mL

Faire chauffer les œufs dans une casserole, à feu élevé, jusqu'à ce que l'eau commence à bouillir. Cuire 10 minutes à petits bouillons. Égoutter. Couvrir les œufs d'eau froide pendant 3 ou 4 minutes, le temps qu'ils refroidissent. Les peler et les couper en deux sur la hauteur. Dégager les jaunes, les mettre dans un bol et les écraser avec une fourchette.

Garniture : Chauffer l'huile dans une poêle à frire. Ajouter l'oignon et le faire revenir jusqu'à ce qu'il soit tendre et transparent.

Incorporer le cari. Cuire pendant 1 minute.

Ajouter le ketchup, le sel et les raisins secs. Laisser refroidir. Ajouter les jaunes d'œufs. Bien mélanger. Farcir les cavités des blancs d'œufs. Donne 12 demi-œufs.

1 demi-œuf : 57 calories (240 kJ); 3,9 g de matières grasses; 3 g de protéines; trace de fibres alimentaires

CHILI CON QUESO

Le chilo-con-kè-so trouve toujours des amateurs. Il s'agit d'un plat légèrement relevé, avec un fond de fromage doux.

Tomates, en conserve, non égouttées, défaites	14 oz	398 mL
Fromage Velveeta, coupé en morceaux (voir remarque)	1 lb	454 g
Piments verts, en conserve, coupés en dés	4 oz	114 mL
Oignon, émincé	1 c. à soupe	15 mL
Croustilles tortilla, de pommes de terre ou de maïs		

Combiner les 4 premiers ingrédients dans un bain-marie. Chauffer, en remuant souvent, au-dessus d'un bain d'eau frémissante. Réchauffer lentement le tout. Si la cuisson est trop rapide ou à température trop vive, le fromage risque de se défaire en fils.

Servir tiède avec un assortiment de croustilles. Donne 850 mL (3¾ tasses).

Remarque : On peut remplacer le fromage Velveeta par une autre préparation de fromage à tartiner douce.

30 mL (2 c. à soupe) : 52 calories (217 kJ); 3,6 g de matières grasses; 3 g de protéines; trace de fibres alimentaires

HOUMMOS

Pâle, savoureux, au léger parfum de noisette, l'hoummos est un tantinet citronné.

Pois chiches, égouttés, liquide réservé	19 oz	540 mL
Jus de citron, frais ou en bouteille	¼ tasse	60 mL
Tahini (beurre de sésame), page 49	⅓ tasse	75 mL
Poudre d'ail	½ c. à thé	2 mL
Poudre d'oignon	¼ c. à thé	1 mL
Sel	½ c. à thé	2 mL
Poivre	⅛ c. à thé	0,5 mL
Liquide réservé des pois chiches	6 c. à soupe	100 mL
Persil, pour garnir		
Craquelins, cubes de pain, crudités ou croustilles tortilla		

(suite...)

Mettre les pois chiches et le jus de citron dans le mélangeur. Travailler jusqu'à obtenir un mélange lisse.

Ajouter le tahini, les poudres d'ail et d'oignon, le sel et le poivre. Combiner le tout. Ajouter assez du liquide réservé pour faire une tartinade molle. On peut servir l'hoummos dans un bol ou sur un lit de laitue.

Garnir de persil. Servir avec des craquelins, du pain, des crudités ou des croustilles tortilla. Donne 575 mL (2 ½ tasses).

30 mL (2 c. à soupe) : 55 calories (229 kJ); 2,4 g de matières grasses; 2 g de protéines; 1 g de fibres alimentaires

BOULES DE FROMAGE CUITES

Un trésor se cache au cœur de chaque boule. Il s'agit d'olives vertes enveloppées de pâte et cuites.

Préparation de fromage fondu à tartiner contenant du cheddar fort (par exemple Ingersoll), à la température de la pièce	1 tasse	250 mL
Farine tout usage	1 ½ tasse	375 mL
Beurre ou margarine dure, ramolli	½ tasse	125 mL
Poivre de Cayenne	½ c. à thé	2 mL
Olives vertes farcies aux piments doux, entières	10 à 40	10 à 40

Bien combiner le fromage, la farine, le beurre et le Cayenne. Façonner 2 longs rouleaux d'égale longueur et les couper en 20 morceaux. Façonner des boulettes, puis les écraser entre les doigts.

Enrober chaque olive d'un morceau de pâte. On peut aussi façonner de simples boules de pâte, en omettant l'olive. Disposer sur une plaque à pâtisserie non graissée. Cuire au four à 400 °F (205 °C) environ 10 minutes. On peut aussi congeler les boules sur la plaque à pâtisserie sans les cuire, puis les entreposer dans un contenant en plastique, dans le congélateur. Il suffit alors de les cuire avant de servir. Donne 40 petites boules de fromage.

1 boule : 63 calories (263 kJ); 4,3 g de matières grasses; 2 g de protéines; trace de fibres alimentaires

CHAMPIGNONS FARCIS

Les carottes leur donnent de la couleur. Un amuse-gueule qui plaît toujours.

Champignons moyens, frais	18	18
Beurre ou margarine dure	2 c. à soupe	30 mL
Pieds de champignons, hachés		
Oignon, haché fin	1/4 tasse	60 mL
Carotte, râpée	1/4 tasse	60 mL
Sel	1/2 c. à thé	2 mL
Poivre	1/8 c. à thé	0,5 mL
Amandes, moulues	1/4 tasse	60 mL
Parmesan, râpé, une pincée		

Ôter délicatement les pieds des champignons, puis les hacher.

Faire fondre le beurre dans une poêle à frire. Ajouter les 5 prochains ingrédients. Faire revenir jusqu'à ce que l'oignon soit tendre, puis retirer du feu.

Incorporer les amandes. Farcir les têtes des champignons et les disposer sur une plaque à pâtisserie non graissée. Saupoudrer de parmesan. Cuire au four à 400 °F (205 °C) pendant 10 à 12 minutes. Donne 18 amuse-gueule.

1 amuse-gueule : 26 calories (108 kJ); 2,1 g de matières grasses; 1 g de protéines; trace de fibres alimentaires

GUACAMOLE

Cette trempette légèrement épicée fait bien des amateurs.

Avocats mûrs, pelés et écrasés	2	2
Jus de citron, frais ou en bouteille	2 c. à soupe	30 mL
Tofu moyen, égoutté et écrasé	1 tasse	250 mL
Oignons verts, hachés fin	2	2
Poudre chili	1 c. à thé	5 mL
Sel	1/2 c. à thé	2 mL
Poivre	1/8 c. à thé	0,5 mL
Poudre d'ail	1/4 c. à thé	1 mL
Poivre de Cayenne	1/8 c. à thé	0,5 mL
Tomates moyennes, épépinées, coupées en dés	2	2
Crudités, croustilles de maïs et croustilles tortilla		

(suite...)

Combiner les 9 premiers ingrédients dans un bol moyen.

Incorporer les tomates. Servir rapidement car le guacamole a tendance à brunir à cause des avocats.

Servir avec des crudités, des croustilles de maïs et des croustilles tortilla. Donne 575 mL (2 ½ tasses).

30 mL (2 c. à soupe) : 53 calories (223 kJ); 4,1 g de matières grasses; 3 g de protéines; 1 g de fibres alimentaires

TREMPETTE AUX HARICOTS NOIRS

Cette trempette foncée est garnie de fromage râpé. Le vinaigre de cidre lui prête un goût acidulé.

Haricots noirs, en conserve	19 oz	540 mL
Vinaigre de cidre	2 c. à thé	10 mL
Sel	½ c. à thé	2 mL
Poivre	⅛ c. à thé	0,5 mL
Poudre d'ail	¼ c. à thé	1 mL
Poudre d'oignon	¼ c. à thé	1 mL
Sauce piquante au piment (au goût)	¼ à ½ c. à thé	1 à 2 mL
GARNITURE		
Cheddar mi-fort, râpé	¼ tasse	60 mL
Noix de Grenoble, moulues	1 c. à soupe	15 mL
Croustilles tortilla, croustilles de maïs ou crudités		

Écraser les haricots à la fourchette sur une assiette. Verser dans un bol.

Ajouter les 6 prochains ingrédients. Remuer. Verser dans un plat de service.

Garniture : Répandre le fromage et les noix sur la trempette. Réfrigérer en attendant de servir.

Servir avec des croustilles tortilla, des croustilles de maïs ou des crudités. Donne 300 mL (1 ⅓ tasse).

30 mL (2 c. à soupe) : 71 calories (298 kJ); 1,5 g de matières grasses; 5 g de protéines; 2 g de fibres alimentaires

TARTINADE DE FROMAGE

Cette tartinade est mouchetée. Elle est meilleure servie à la température de la pièce avec des craquelins, des crudités ou des fruits.

Préparation de fromage à tartiner, à la température de la pièce	1 tasse	250 mL
Fromage à la crème, ramolli	12 oz	375 g
Bleu, émietté, ramolli	4 oz	125 g
Beurre ou margarine dure, ramolli	1/4 tasse	60 mL
Oignon, râpé fin	1 c. à soupe	15 mL
Sauce Worcestershire	1 c. à thé	5 mL
Poudre d'ail	1/4 c. à thé	1 mL
Pacanes, moulues	1/2 tasse	125 mL
Persil frais, haché (ou 10 mL, 2 c. à thé, de flocons)	1/4 tasse	60 mL
Pacanes, moulues	1/2 tasse	125 mL
Persil frais, haché (ou 10 mL, 2 c. à thé, de flocons)	1/4 tasse	60 mL

Combiner les 9 premiers ingrédients dans un bol. Bien battre. Entasser la préparation dans un bol peu profond.

Garnir de pacanes et de persil. Donne 800 mL (3 1/2 tasses).

15 mL (1 c. à soupe) : 68 calories (286 kJ); 6,4 g de matières grasses; 2 g de protéines; trace de fibres alimentaires

1. Fouetté aux fruits page 21
2. Boisson orangée au yogourt page 21
3. Boisson chocolatée au yogourt page 21
4. Couches de fromage page 24
5. Roulé aux épinards page 148

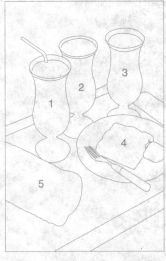

PÉPITES DE FROMAGE

Le cari est excellent dans ces jolis petits monticules garnis de graines.

Beurre ou margarine dure, ramolli	¹/₂ tasse	125 mL
Farine tout usage (ou farine de blé entier)	1 tasse	250 mL
Cheddar fort, râpé	1 tasse	250 mL
Poudre de cari	1 c. à thé	5 mL
Jaune d'un gros œuf	1	1
Blanc d'un gros œuf, battu à la fourchette	1	1
Graines de sésame, grillées	2 c. à soupe	30 mL

Bien combiner le beurre et la farine. Ajouter le fromage et le cari. Mélanger. Incorporer le jaune d'œuf. Façonner des petites boules avec 10 mL (2 c. à thé) de pâte à la fois.

Tremper le dessus des boules dans le blanc d'œuf, dans un petit bol. Secouer pour faire tomber l'excès. Tremper dans les graines de sésame. Disposer les boules sur une plaque à pâtisserie non graissée. Cuire au four à 375 °F (190 °C) environ 15 minutes. Donne environ 30 pépites.

1 pépite : 67 calories (281 kJ); 5,1 g de matières grasses; 2 g de protéines; trace de fibres alimentaires

FROMAGE CUIT

Cette boule de fromage enrobée de noix est simplement délicieuse.

Roue de brie ou de camembert	1 × 4¹/₂ oz	1 × 125 g
Beurre ou margarine dure, ramolli	2 c. à soupe	30 mL
Cassonade, tassée	2 c. à soupe	30 mL
Noisettes, tranchées	¹/₄ tasse	60 mL
Carrés de pain grillé, assortiment de craquelins ou carrés de pain foncé		

Poser le fromage dans un moule à tarte non graissé.

Battre en crème le beurre et la cassonade. Étaler sur le dessus et les côtés du fromage.

Garnir de noisettes, en les enfonçant légèrement dans le fromage. Cuire au four, à découvert, à 350 °F (175 °C) pendant 15 à 20 minutes, pour réchauffer le tout. Donne 1 roue de fromage.

Servir avec du pain grillé, des craquelins ou du pain frais.

15 mL (1 c. à soupe) : 157 calories (656 kJ); 13 g de matières grasses; 6 g de protéines; trace de fibres alimentaires

BOISSON AU YOGOURT ET À L'ANANAS

Cette boisson crémeuse goûte l'ananas.

Yogourt nature	1 tasse	250 mL
Ananas broyé, dans son jus	½ × 14 oz	½ × 398 mL
Sucre granulé	2 c. à thé	10 mL

Mettre tous les ingrédients dans le mélangeur. Mélanger jusqu'à ce que le liquide soit lisse. Donne 425 mL (1 ¾ tasse), soit 2 petits verres.

1 verre : 161 calories (673 kJ); 2,1 g de matières grasses; 7 g de protéines; 1 g de fibres alimentaires

FOUETTÉ À LA FRAISE

Cette boisson fameuse contient du yogourt au lieu de crème glacée.

Yogourt nature	1 tasse	250 mL
Fraises entières, surgelées, hachées	1 tasse	250 mL
Cassonade, tassée	2 c. à soupe	30 mL

Mettre tous les ingrédients dans le mélangeur. Mélanger jusqu'à ce que le liquide soit lisse. Donne 425 mL (1 ¾ tasse), soit 2 petits verres.

1 verre : 161 calories (674 kJ); 2,1 g de matières grasses; 7 g de protéines; 1 g de fibres alimentaires

FOUETTÉ AU TOFU

Une boisson bien épaisse, légèrement relevée de cannelle.

Tofu ferme, coupé en morceaux	8 oz	250 g
Ananas broyé, dans son jus	14 oz	398 mL
Cassonade, tassée	2 c. à soupe	30 mL
Cannelle moulue	¼ c. à thé	1 mL

Mettre les 4 ingrédients dans le mélangeur. Mélanger jusqu'à ce que le liquide soit lisse. Donne 600 mL (2 ⅔ tasses), soit 2 grands verres.

1 verre : 360 calories (1 507 kJ); 11,1 g de matières grasses; 21 g de protéines; 2 g de fibres alimentaires

FOUETTÉ AUX FRUITS

On retrouve dans cette excellente boisson certains des éléments d'une banane royale.

Yogourt nature	1 tasse	250 mL
Fraises entières, surgelées, hachées	1 tasse	250 mL
Banane, coupée en morceaux	1	1
Cassonade, tassée	2 c. à soupe	30 mL
Noix de Grenoble, hachées	1/4 tasse	60 mL

Mettre les 5 ingrédients dans le mélangeur. Mélanger jusqu'à ce que le liquide soit lisse. Donne 500 mL (2 tasses), soit 2 verres.

1 verre : 321 calories (1 342 kJ); 12,7 g de matières grasses; 10 g de protéines; 3 g de fibres alimentaires

Photo à la page 17.

BOISSON ORANGÉE AU YOGOURT

Cette rafraîchissante boisson n'est pas trop sucrée.

Yogourt nature	1 tasse	250 mL
Lait	1 tasse	250 mL
Jus d'orange concentré surgelé	1/4 tasse	60 mL

Combiner les 3 ingrédients dans le mélangeur. Mélanger jusqu'à ce que le liquide soit lisse. Donne 750 mL (3 tasses), soit 3 verres.

1 verre : 137 calories (574 kJ); 3 g de matières grasses; 8 g de protéines; trace de fibres alimentaires

Photo à la page 17.

BOISSON CHOCOLATÉE AU YOGOURT

Cette boisson légèrement chocolatée est moyennement épaisse.

Yogourt nature	1 tasse	250 mL
Lait	1/2 tasse	125 mL
Cassonade	2 c. à thé	10 mL
Préparation en poudre pour boisson au chocolat	2 c. à soupe	30 mL

Combiner les 4 ingrédients dans le mélangeur. Mélanger jusqu'à ce que le liquide soit lisse. Donne 425 mL (1 3/4 tasse), soit 2 petits verres.

1 verre : 169 calories (705 kJ); 3,6 g de matières grasses; 9 g de protéines; trace de fibres alimentaires

Photo à la page 17.

PUNCH DE CANNEBERGES

Cette boisson rosée est aussi bonne que jolie.

Cocktail de canneberges	2 tasses	500 mL
Clous de girofle	6	6
Cocktail de canneberges	3 tasses	750 mL
Jus de citron, frais ou en bouteille	$1/_4$ tasse	60 mL
Jus de pomme	2 tasses	500 mL
Essence d'orange	$1/_2$ c. à thé	2 mL
Soda au gingembre	5 tasses	1,25 L
Glaçons		
Tranches d'orange, très fines	4 à 8	4 à 8

Porter à ébullition la première quantité de cocktail de canneberges et les clous de girofle. Laisser bouillir 1 minute. Refroidir en posant la casserole dans de l'eau froide. Jeter les clous de girofle. Verser dans un bol à punch.

Ajouter les 4 prochains ingrédients. Réfrigérer en attendant de servir.

Ajouter le soda au gingembre. Remuer doucement. Ajouter délicatement les glaçons.

Décorer avec les tranches d'orange. Donne 3 L (12 tasses), soit 12 verres.

1 verre : 123 calories (516 kJ); trace de matières grasses; trace de protéines; trace de fibres alimentaires

PUNCH DE PAMPLEMOUSSE

Cette bonne boisson rafraîchissante est juste assez sucrée.

Jus de pamplemousse (rose ou jaune), réfrigéré	$4^1/_2$ tasses	1 L
Jus de pomme	3 tasses	750 mL
Sucre granulé	1 tasse	250 mL
Soda au gingembre	$4^1/_2$ tasses	1 L
Glaçons		

Combiner les jus de pamplemousse et de pomme avec le sucre dans un bol. Remuer jusqu'à ce que le sucre soit dissous. Réfrigérer en attendant de servir. Verser dans un bol à punch.

Ajouter le soda au gingembre. Remuer doucement. Ajouter délicatement les glaçons. Donne environ 3 L (12 tasses), soit 12 verres.

1 verre : 161 calories (673 kJ); trace de matières grasses; trace de protéines; trace de fibres alimentaires

PÊCHES À LA CRÈME

Cette boisson jaune et mousseuse est parfumée à la pêche.

Pêches tranchées, en conserve, non égouttées	14 oz	398 mL
Yogourt nature	1 tasse	250 mL
Cassonade, tassée	2 c. à soupe	30 mL

Mettre les ingrédients dans le mélangeur. Mélanger jusqu'à ce que le liquide soit lisse. Donne 650 mL (2²/₃ tasses), soit 2 grands verres.

1 verre : 225 calories (943 kJ); 2,1 g de matières grasses; 8 g de protéines; 2 g de fibres alimentaires

BOISSON FRUITÉE AU YOGOURT

On distingue les fruits dans cette boisson crémeuse et pâle.

Yogourt nature	1 tasse	250 mL
Banane, coupée en morceaux	1	1
Jus d'ananas	1 tasse	250 mL

Mettre les ingrédients dans le mélangeur et mélanger jusqu'à ce que le liquide soit lisse. Donne 625 mL (2¹/₂ tasses), soit 2 grands verres.

1 verre : 184 calories (771 kJ); trace de matières grasses; 2 g de protéines; 2 g de fibres alimentaires

SIROP POUR LES CRÊPES

Si simple à faire à la maison, le sirop se conserve au réfrigérateur. Si des cristaux se forment à la surface, il suffit de chauffer le sirop pour les dissoudre.

Cassonade, tassée	2¹/₄ tasses	550 mL
Sucre granulé	³/₄ tasse	175 mL
Eau	1¹/₂ tasse	375 mL
Sirop de maïs	2 c. à soupe	30 mL
Essence d'érable	1 c. à thé	5 mL

Mettre tous les ingrédients dans une casserole moyenne. Chauffer et porter à ébullition, en remuant souvent. Laisser bouillir doucement environ 10 minutes. Donne 650 mL (2²/₃ tasses).

30 mL (2 c. à soupe) : 122 calories (510 kJ); 0 g de matières grasses; 0 g de protéines; trace de fibres alimentaires

COUCHES DE FROMAGE

Un plat gonflé, jaune, qui rappelle un sandwich chaud au fromage.

Tranches de pain blanc, beurrées, sans la croûte	4	4
Cheddar mi-fort ou fort, râpé	1 tasse	250 mL
Tranches de pain blanc, beurrées, sans la croûte	4	4
Cheddar mi-fort ou fort, râpé	1 tasse	250 mL
Gros œufs	3	3
Lait	2 tasses	500 mL
Moutarde en poudre	½ c. à thé	2 mL
Sel	½ c. à thé	2 mL

Mettre les 4 premières tranches de pain beurrées dans un plat de 20 x 20 cm (8 x 8 po) non graissé, côté beurré au fond. Répandre la première quantité de fromage sur le pain. Recouvrir avec les 4 autres tranches de pain, côté beurré vers le haut. Garnir de la seconde quantité de fromage râpé.

Battre les œufs dans un bol. Y ajouter le lait, la moutarde en poudre et le sel. Battre pour combiner le tout. Verser ce liquide dans le plat. Couvrir. Entreposer au réfrigérateur jusqu'au lendemain. Découvrir. Cuire au four à 350 °F (175 °C) environ 45 minutes. Pour doubler la recette, utiliser un plat de 22 x 33 cm (9 x 13 po) non graissé et cuire au four environ 1 heure. Donne 6 portions.

1 portion : 329 calories (1 375 kJ); 21 g de matières grasses; 18 g de protéines; trace de fibres alimentaires

Photo à la page 17.

NIDS D'ÉPINARDS

Il est logique de trouver des œufs dans un nid. La recette peut être multipliée selon les besoins.

Épinards, hachés, surgelés	2 x 10 oz	2 x 300 g
Eau bouillante, pour couvrir		
Sel	½ c. à thé	2 mL
Poivre	⅛ c. à thé	0,5 mL
Muscade moulue	⅛ c. à thé	0,5 mL
Gros œufs	4	4
Eau frémissante, pour couvrir		

(suite...)

Cuire les épinards environ 6 minutes dans l'eau bouillante, jusqu'à ce qu'ils soient prêts. Égoutter.

Ajouter le sel, le poivre et la muscade. Remuer. Garder au chaud.

Pocher les œufs dans l'eau frémissante. Disposer les épinards en nids sur 4 assiettes réchauffées. Avec une écumoire, retirer les œufs de l'eau et les poser sur les nids. Donne 4 nids.

1 nid : 117 calories (490 kJ); 5,4 g de matières grasses; 11 g de protéines; 5 g de fibres alimentaires

OMELETTE AU FOUR

Le bacon et les œufs sont réunis en un même plat.

Croûtons	2 tasses	500 mL
Cheddar mi-fort, râpé	1 tasse	250 mL
Tranches de bacon fumé Veggie, coupées en petites bouchées	6	6
Gros œufs	6	6
Moutarde en poudre	½ c. à thé	2 mL
Sel	½ c. à thé	2 mL
Poivre	⅛ c. à thé	0,5 mL
Poudre d'oignon	⅛ c. à thé	0,5 mL
Lait	2 tasses	500 mL

Étaler les croûtons dans un plat graissé de 20 x 20 cm (8 x 8 po). Répandre le fromage par-dessus, puis le bacon Veggie.

Battre les œufs dans un bol. Ajouter les assaisonnements. Remuer.

Ajouter le lait. Mélanger. Verser le tout dans le plat. Cuire au four, à découvert, à 325 °F (160 °C) environ 45 minutes, jusqu'à ce que l'omelette soit prise. Pour 6 personnes.

1 portion : 277 calories (1 154 kJ); 14 g de matières grasses; 21 g de protéines; trace de fibres alimentaires

CRÊPES AU BLÉ

Elles sont à la fois bonnes pour la santé et moelleuses.

Farine de blé entier	1½ tasse	375 mL
Farine tout usage	1 tasse	250 mL
Sucre granulé	1 c. à soupe	15 mL
Poudre à pâte	1 c. à soupe	15 mL
Bicarbonate de soude	½ c. à thé	2 mL
Sel	½ c. à thé	2 mL
Gros œuf, battu à la fourchette	1	1
Huile de cuisson	1½ c. à soupe	25 mL
Babeurre, frais ou en poudre et reconstitué	2 tasses	500 mL

Combiner les 6 premiers ingrédients dans un bol.

Ajouter les autres ingrédients. Remuer pour humecter les ingrédients secs. Au besoin, rajouter un peu de lait pour obtenir une pâte plus liquide. Verser environ 60 mL (¼ tasse) de pâte dans une poêle à frire chaude et graissée. Quand des bulles se forment à la surface des crêpes et que le bord semble sec, retourner la crêpe pour cuire l'autre côté. Il n'est pas nécessaire de graisser de nouveau la poêle. Servir avec le Sirop pour les crêpes, page 23. Donne 14 crêpes.

1 crêpe : 120 calories (502 kJ); 2,7 g de matières grasses; 5 g de protéines; 2 g de fibres alimentaires

CRÊPES AUX POMMES

Le nec plus ultra. Elles peuvent être aux fruits ou aux fruits et aux noix.

Farine tout usage	¾ tasse	175 mL
Farine de blé entier	¾ tasse	175 mL
Cassonade, tassée	2 c. à soupe	30 mL
Poudre à pâte	2 c. à thé	10 mL
Bicarbonate de soude	½ c. à thé	2 mL
Sel	¼ c. à thé	1 mL
Gros œuf	1	1
Huile de cuisson	2 c. à soupe	30 mL
Compote de pommes non sucrée	14 oz	398 mL
Cannelle moulue	½ c. à thé	2 mL
Raisins secs	½ tasse	125 mL
Lait (assez pour délayer)	¼ tasse	60 mL

(suite...)

Combiner les 6 premiers ingrédients dans un bol. Remuer.

Ajouter les autres ingrédients. Remuer pour humecter les ingrédients secs. Verser environ 60 mL (¼ tasse) de pâte dans une poêle à frire chaude et graissée. Quand des bulles se forment à la surface des crêpes et que le bord semble sec, retourner la crêpe pour cuire l'autre côté. Servir avec du beurre et du Sirop, page 23. Donne 12 crêpes.

1 crêpe : 134 calories (559 kJ); 3,1 g de matières grasses; 3 g de protéines; 2 g de fibres alimentaires

CRÊPES AUX FRUITS ET AUX NOIX : Ajouter 60 mL (¼ tasse) de graines de tournesol à la pâte.

CRÊPES FRUITÉES : Ajouter 1 banane, hachée, à la pâte.

CRÊPES DE SON AU YOGOURT

On combine du yogourt et des céréales de son pour obtenir ces crêpes supérieures. Une gâterie à servir au déjeuner ou au dîner.

Gros œuf	1	1
Céréale de son entier (100%)	1 tasse	250 mL
Yogourt nature	1 tasse	250 mL
Lait	¾ tasse	175 mL
Huile de cuisson	1 c. à soupe	15 mL
Farine tout usage	1 tasse	250 mL
Cassonade, tassée	3 c. à soupe	50 mL
Poudre à pâte	1 c. à soupe	15 mL
Sel	½ c. à thé	2 mL

Battre l'œuf à la cuillère dans un bol. Incorporer le son, le yogourt, le lait et l'huile de cuisson.

Ajouter les autres ingrédients. Remuer pour humecter les ingrédients secs. Verser environ 60 mL (¼ tasse) de pâte dans une poêle à frire chaude et graissée. Quand des bulles se forment à la surface des crêpes et que le bord semble sec, retourner la crêpe pour cuire l'autre côté. Il n'est pas nécessaire de graisser de nouveau la poêle. Servir avec du sirop d'érable ou du Sirop pour les crêpes, page 23. Donne environ 13 crêpes.

1 crêpe : 99 calories (413 kJ); 2,3 g de matières grasses; 4 g de protéines; 2 g de fibres alimentaires

ŒUFS SUR CANAPÉ

Petite surprise : on étale du fromage sur le pain avant d'y déposer les œufs. Le tout est nappé d'une sauce rouge mouchetée.

SAUCE AUX PIMIENTOS

Beurre ou margarine dure	2 c. à soupe	30 mL
Farine tout usage	2 c. à soupe	30 mL
Sel	$\frac{1}{2}$ c. à thé	2 mL
Poivre	$\frac{1}{16}$ c. à thé	0,5 mL
Pimientos, hachés	1 c. à soupe	15 mL
Lait	1 tasse	250 mL
Tranches de pain brun grillées (ou 2 muffins anglais ou pains à hamburger tranchés et grillés)	4	4
Fromage fort, ramolli (par exemple de l'Imperial ou du fromage à tartiner Ingersoll)	4 c. à soupe	60 mL
Œufs pochés	4	4

Sauce aux pimientos : Faire fondre le beurre dans une casserole. Incorporer la farine, le sel et le poivre. Incorporer les pimientos et le lait et remuer jusqu'à ce que la sauce bouille et épaississe.

Étaler 15 mL (1 c. à soupe) de fromage sur chaque tranche de pain grillé.

Déposer un œuf poché sur chaque tranche de pain. Napper de sauce. Pour 4 personnes.

1 portion : 280 calories (1 139 kJ); 16,2 g de matières grasses; 14 g de protéines; 3 g de fibres alimentaires

ŒUFS À LA SAUCE AU FROMAGE

Ce plat est composé d'œufs durs en moitiés nappés d'une sauce au fromage. Il suffit ensuite de faire passer le pain.

Beurre ou margarine dure	1$\frac{1}{2}$ c. à soupe	25 mL
Farine tout usage	1$\frac{1}{2}$ c. à soupe	25 mL
Sel	$\frac{1}{2}$ c. à thé	2 mL
Poivre	$\frac{1}{8}$ c. à thé	0,5 mL
Lait	1 tasse	250 mL
Cheddar mi-fort ou fort, râpé	1 tasse	250 mL
Œufs durs, tiédis, coupés en moitiés (voir remarque)	6	6
Paprika, une pincée		

(suite...)

Faire fondre le beurre dans une casserole. Incorporer la farine, le sel et le poivre. Incorporer le lait en remuant jusqu'à ce que la préparation bouille et épaississe.

Ajouter le fromage et remuer pour le faire fondre.

Disposer les moitiés d'œufs dans un plat de service peu profond. Napper le tout de sauce au fromage. Saupoudrer de paprika. Donne 6 portions de 2 moitiés d'œufs.

Remarque : Pour que les œufs restent chauds, les cuire en même temps que la sauce. Les laisser refroidir légèrement, puis les écaler. Les conserver dans de l'eau chaude en attendant de servir.

1 portion : 216 calories (903 kJ); 16 g de matières grasses; 13 g de protéines; trace de fibres alimentaires

CRÊPES AU FROMAGE COTTAGE

Avec ou sans tofu, ces crêpes sont fameuses.

Gros œufs	2	2
Fromage cottage en crème	1 tasse	250 mL
Pommes à cuire, pelées, râpées et tassées (McIntosh par exemple)	1¼ tasse	300 mL
Cassonade, tassée	2 c. à soupe	30 mL
Jus de citron, frais ou en bouteille	1 c. à thé	5 mL
Farine tout usage	1 tasse	250 mL
Poudre à pâte	2 c. à thé	10 mL
Bicarbonate de soude	½ c. à thé	2 mL
Sel	½ c. à thé	2 mL
Cannelle moulue	½ c. à thé	2 mL
Lait, environ (assez pour délayer)	¼ tasse	60 mL

Battre les œufs à la cuillère dans un bol. Incorporer le fromage cottage, les pommes, la cassonade et le jus de citron.

Ajouter les autres ingrédients et remuer pour les humecter. Verser 60 mL (¼ tasse) de pâte dans une poêle à frire chaude et graissée. Quand des bulles se forment à la surface des crêpes et que le bord semble sec, retourner la crêpe pour dorer l'autre côté. Servir avec le Sirop pour les crêpes, page 23. Donne 12 crêpes.

1 crêpe : 94 calories (395 kJ); 2,1 g de matières grasses; 5 g de protéines; 1 g de fibres alimentaires

CRÊPES AU TOFU : Omettre le fromage cottage et le remplacer par une quantité égale de tofu mou, écrasé. Le résultat est fameux.

GÂTEAU POUR LE BRUNCH

Les céréales et les fruits sont réunis dans ce gâteau brioché.

Céréale de flocons de son	1 tasse	250 mL
Jus d'orange	1 tasse	250 mL
Huile de cuisson	½ tasse	60 mL
Gros œuf	1	1
Petites bananes, tranchées fin	2	2
Farine tout usage	1½ tasse	375 mL
Sucre granulé	¾ tasse	175 mL
Raisins secs	½ tasse	125 mL
Bicarbonate de soude	1 c. à thé	5 mL
Cannelle moulue	1 c. à thé	5 mL
Sel	½ c. à thé	2 mL
GARNITURE STREUSEL		
Cassonade, tassée	¾ tasse	175 mL
Noix de Grenoble ou pacanes, hachées	¾ tasse	175 mL
Farine tout usage	6 c. à soupe	100 mL
Cannelle moulue	¾ c. à thé	4 mL
Beurre ou margarine dure, ramolli	6 c. à soupe	100 mL

Combiner les céréales de son et le jus dans un bol moyen. Laisser reposer 5 minutes, jusqu'à ce que les céréales aient molli.

Ajouter l'huile de cuisson, l'œuf et les bananes. Remuer.

Incorporer les 6 derniers ingrédients. Verser le tout dans un moule graissé de 22 x 33 cm (9 x 13 po). Cuire au four à 350 °F (175 °C) environ 30 minutes, jusqu'à ce que le gâteau reprenne sa forme quand on l'enfonce légèrement.

Garniture streusel : Combiner la cassonade, les noix, la farine et la cannelle dans un bol. Remuer. Incorporer le beurre jusqu'à ce que le mélange forme des miettes grossières. Étaler le tout sur le gâteau chaud. Chauffer sous le gril du four 1 minute, à environ 12 cm (5 po) de l'élément chauffant, jusqu'à ce que la garniture bouillonne. Servir tiède ou à la température de la pièce. Pour 15 personnes.

1 portion : 315 calories (1 320 kJ); 13,3 g de matières grasses; 4 g de protéines; 2 g de fibres alimentaires

GÂTEAU À L'ORANGE ET AUX DATTES

Ce bon, gros gâteau a un bon gros goût d'orange.

Gros œufs	2	2
Beurre ou margarine dure, ramolli	½ tasse	125 mL
Cassonade, tassée	1 tasse	250 mL
Jus d'orange	½ tasse	125 mL
Orange entière, non pelée, épépinée et coupée en morceaux	1	1
Dattes, hachées	1 tasse	250 mL
Farine tout usage	2½ tasses	625 mL
Poudre à pâte	1 c. à thé	5 mL
Bicarbonate de soude	1 c. à thé	5 mL
Sel	½ c. à thé	2 mL

Battre les œufs, la cassonade et le jus d'orange dans un bol jusqu'à ce qu'ils soient bien combinés.

Hacher l'orange et les dattes au hachoir. Ajouter au premier mélange et remuer.

Combiner les 4 derniers ingrédients dans un bol. Ajouter au premier mélange. Remuer pour humecter les ingrédients secs. Verser la pâte dans un moule graissé de 22 x 12 x 7 cm (9 x 5 x 3 po). Cuire au four à 350 °F (175 °C) pendant 65 à 70 minutes, jusqu'à ce qu'un cure-dents inséré au centre ressorte sec. Donne 1 gâteau de 16 tranches.

1 tranche : 227 calories (949 kJ); 7 g de matières grasses; 3 g de protéines; 2 g de fibres alimentaires

DESSERT AU FROMAGE ET À L'ANANAS

L'ananas se cache sous une garniture de gâteau au fromage à la crème.
Un choix impeccable.

FOND

Beurre ou margarine dure	⅓ tasse	75 mL
Chapelure de biscuits Graham	1¼ tasse	300 mL
Cassonade, tassée	2 c. à soupe	30 mL

PREMIÈRE COUCHE

Sucre granulé	½ tasse	125 mL
Fécule de maïs	2 c. à soupe	30 mL
Ananas broyé, dans son jus	14 oz	398 mL

SECONDE COUCHE

Fromage à la crème léger, ramolli	12 oz	375 g
Sucre granulé	¾ tasse	175 mL
Sel	¾ c. à thé	4 mL
Gros œufs	4	4
Lait	1 tasse	250 mL
Vanille	½ c. à thé	2 mL

GARNITURE

Pacanes, hachées	¼ tasse	60 mL

Fond : Faire fondre le beurre dans une casserole. Incorporer la chapelure Graham et la cassonade. Presser le tout dans un moule non graissé de 22 x 22 cm (9 x 9 po).

Première couche : Combiner le sucre granulé et la fécule de maïs dans une casserole. Y ajouter l'ananas non égoutté. Chauffer en remuant jusqu'à ce que la préparation bouille et épaississe. Laisser refroidir. Étaler le tout sur le fond, dans le moule.

Seconde couche : Battre le fromage à la crème avec le sucre granulé et le sel jusqu'à ce que la préparation soit molle. Incorporer les œufs 1 à la fois, en battant. Ajouter le lait et la vanille. Battre. Verser le tout sur la première couche.

Garniture : Répandre les pacanes sur le dessus du dessert. Cuire au four à 400 °F (205 °C) pendant 10 minutes. Baisser la température à 325 °F (160 °C). Poursuivre la cuisson 50 minutes. Le dessert est prêt quand un couteau enfoncé en son centre ressort sec. Au sortir du four, passer un couteau affûté entre le dessert et le bord du moule pour qu'il s'affaisse également. Laisser refroidir. Découper en 12 morceaux.

1 morceau : 331 calories (1 385 kJ); 15,6 g de matières grasses; 8 g de protéines; 1 g de fibres alimentaires

BARRES FRUITÉES AUX COURGETTES

Cette confection glacée, semblable à un gâteau, est garnie de noix. La recette donne une quantité importante.

Beurre ou margarine dure, ramolli	¾ tasse	175 mL
Cassonade, tassée	½ tasse	125 mL
Sucre granulé	½ tasse	125 mL
Gros œufs	2	2
Vanille	1 c. à thé	5 mL
Farine tout usage	1¾ tasse	425 mL
Poudre à pâte	1½ c. à thé	7 mL
Sel	¼ c. à thé	1 mL
Noix de coco, râpée moyen	¾ tasse	175 mL
Raisins secs	¾ tasse	175 mL
Dattes, hachées (ou plus	¾ tasse	175 mL
de raisins secs)		
Courgettes non pelées, râpées	2½ tasses	625 mL
GLAÇAGE ÉPICÉ AUX NOIX		
Beurre ou margarine dure	1 c. à soupe	15 mL
Lait	2 c. à soupe	30 mL
Vanille	1 c. à thé	5 mL
Sucre à glacer	1 tasse	250 mL
Cannelle moulue	½ c. à thé	2 mL
Noix de Grenoble, hachées	¾ tasse	175 mL

Battre en crème le beurre, le sucre et la cassonade dans un bol. Incorporer les œufs 1 à la fois, en battant. Ajouter la vanille. Combiner.

Ajouter la farine, la poudre à pâte et le sel. Mélanger.

Ajouter la noix de coco, les raisins secs, les dattes et les courgettes. Bien remuer. Étaler la pâte dans un moule à gâteau roulé graissé de 25 × 38 cm (10 × 15 po). Cuire au four à 350 °F (175 °C) pendant 30 à 35 minutes, jusqu'à ce qu'un cure-dents inséré au centre ressorte sec.

Glaçage épicé aux noix : Combiner les 5 premiers ingrédients dans une casserole. Chauffer en remuant jusqu'à ce que le beurre fonde et que la préparation soit claire et lisse. L'étaler sur le gâteau tiède.

Garnir de noix. Couper en 66 carrés.

1 carré : 83 calories (347 kJ); 4,1 g de matières grasses; 1 g de protéines; 1 g de fibres alimentaires

DESSERT AUX FRUITS ET AUX NOIX

Un dessert simple à préparer et délicieux à déguster.

Garniture de tarte aux cerises, en conserve	19 oz	540 mL
Ananas broyé, dans son jus	19 oz	540 mL
Essence d'amande	½ c. à thé	2 mL
Miel liquide	3 c. à soupe	50 mL
Beurre ou margarine dure	¼ tasse	60 mL
Eau	½ tasse	125 mL
Mélange à gâteau doré, pour gâteau double	1	1
Pacanes, moulues	1 tasse	250 mL
Pacanes entières, pour garnir		

Combiner les 4 premiers ingrédients dans un bol. Étaler le tout dans un moule graissé de 22 x 33 cm (9 x 13 po).

Faire fondre le beurre dans une grande casserole. Ajouter l'eau. Incorporer le mélange à gâteau jusqu'à ce qu'il soit uniformément humide.

Ajouter les pacanes broyées à la préparation. Étaler la préparation sur le mélange aux cerises, dans le moule. Égaliser le dessus autant que possible. Garnir de pacanes entières. Cuire au four à 350 °F (175 °C) environ 45 minutes. Servir tiède. Couper en 15 morceaux.

1 morceau : 305 calories (1 275 kJ); 12,3 g de matières grasses; 2 g de protéines; 1 g de fibres alimentaires

Photo à la page 35.

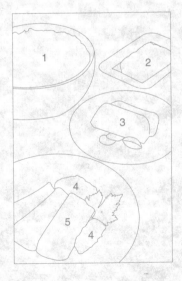

Jeté et vaisselle fournis par :
Chintz & Company

Fleurs fournies par :
La Baie

BISCUITS AUX RAISINS SECS

Épicés, fruités et regorgeant de noix, ces biscuits sont à préparer en grande quantité parce qu'ils disparaissent vite.

Eau	1 tasse	250 mL
Raisins secs	2 tasses	500 mL
Beurre ou margarine dure, ramolli	1 tasse	250 mL
Sucre granulé	1 tasse	250 mL
Cassonade, tassée	1 tasse	250 mL
Gros œufs	3	3
Vanille	1 c. à thé	5 mL
Farine tout usage	3¾ tasses	925 mL
Poudre à pâte	1 c. à thé	5 mL
Bicarbonate de soude	1 c. à thé	5 mL
Sel	1 c. à thé	5 mL
Cannelle moulue	1½ c. à thé	7 mL
Muscade moulue	¼ c. à thé	1 mL
Piment de la Jamaïque moulu	¼ c. à thé	1 mL
Noix de Grenoble ou pacanes, hachées (au goût)	1 tasse	250 mL

Cuire les raisins secs dans l'eau, dans une casserole, pendant 5 minutes. Laisser refroidir.

Battre en crème le beurre, le sucre et la cassonade dans un bol. Incorporer les œufs 1 à la fois, en battant. Ajouter la vanille et les raisins secs non égouttés. Mélanger.

Ajouter les 8 prochains ingrédients. Mélanger. Dresser la pâte à la cuillère à soupe sur une plaque à pâtisserie graissée. Cuire au four à 350 °F (175 °C) pendant 10 à 12 minutes, jusqu'à ce que les biscuits soient bien dorés. Donne environ 5 douzaines de biscuits.

1 biscuit : 106 calories (444 kJ); 3,6 g de matières grasses; 1 g de protéines; trace de fibres alimentaires

GÂTEAU AU FROMAGE AU TOFU

La texture de ce gâteau au fromage est exquise. Une sauce aux fraises le couronne.

CROÛTE DE CHAPELURE GRAHAM

Beurre ou margarine dure	3 c. à soupe	50 mL
Chapelure de biscuits Graham	¾ tasse	175 mL
Cassonade	2 c. à thé	10 mL

GARNITURE

Gros œufs	3	3
Tofu mi-ferme, coupé en morceaux	1 lb	454 g
Fromage à la crème, coupé en morceaux	8 oz	250 g
Farine tout usage	¼ tasse	60 mL
Sucre granulé	¾ tasse	175 mL
Jus de citron, frais ou en bouteille	2 c. à soupe	30 mL
Vanille	1½ c. à thé	7 mL

DÉCORATION

Fraises tranchées (ou framboises), surgelées dans du sirop, dégelées	15 oz	425 g
Fécule de maïs	1 c. à soupe	15 mL

Croûte de chapelure Graham : Faire fondre le beurre dans une casserole. Incorporer la chapelure Graham et la cassonade. Presser le tout dans le fond d'un moule à charnière non graissé de 20 cm (8 po).

Garniture : Passer les œufs au mélangeur jusqu'à ce qu'ils soient lisses. Ajouter le tofu petit à petit, toujours en travaillant le tout. Ajouter graduellement le fromage à la crème, puis la farine. Travailler le tout jusqu'à ce que le mélange soit lisse.

Ajouter le sucre, le jus de citron et la vanille. Mélanger. Verser le tout dans le fond préparé, dans le moule. Cuire au four à 325 °F (160 °C) environ 55 minutes ou jusqu'à ce que le gâteau soit pris.

Décoration : Égoutter les fraises et recueillir le liquide dans une casserole. Réserver les fraises.

Incorporer la fécule de maïs au liquide des fraises. Chauffer en remuant jusqu'à ce que la préparation bouille et épaississe. Laisser bien refroidir. Incorporer les fraises. Napper de sauce les pointes de gâteau. Pour 12 personnes.

1 portion : 305 calories (1 274 kJ); 15,5 g de matières grasses; 10 g de protéines; 1 g de fibres alimentaires

CROUSTILLANT À L'ANANAS

Ce délicieux entremets contient une garniture à l'ananas entre deux couches de flocons d'avoine.

COUCHE À L'AVOINE

Margarine dure	1/3 tasse	75 mL
Cassonade, tassée	1/2 tasse	125 mL
Farine de blé entier	1 tasse	250 mL
Flocons d'avoine (pas instantanés)	1 tasse	250 mL
Cannelle moulue	1/2 c. à thé	2 mL
Muscade moulue	1/4 c. à thé	1 mL

GARNITURE

Ananas broyé, dans son jus	14 oz	398 mL
Jus de citron, frais ou en bouteille	1 c. à thé	5 mL
Cassonade, tassée (au goût)	1/4 tasse	60 mL

DÉCORATION

Yogourt glacé (ou crème glacée)	1 1/2 tasse	375 mL

Couche à l'avoine : Faire fondre la margarine dans une casserole, à feu doux.

Ajouter la cassonade, la farine, les flocons d'avoine, la cannelle et la muscade. Mélanger jusqu'à ce que le mélange soit grossier. En presser la 1/2 dans le fond d'une cocotte non graissée de 1 L (1 pte).

Garniture : Combiner l'ananas non égoutté, le jus de citron et la cassonade dans un bol. Étaler le mélange sur la couche à l'avoine. Répandre l'autre 1/2 du mélange d'avoine sur la garniture. Cuire au four, à découvert, à 325 °F (160 °C) environ 30 minutes.

Décoration : Servir avec une généreuse cuillerée de yogourt glacé. Pour 6 personnes.

1 portion : *454 calories (1 901 kJ); 15 g de matières grasses; 8 g de protéines; 5 g de fibres alimentaires*

POUDING AUTOCHTONE

Entremets traditionnel de la Nouvelle-Angleterre, il est parfois appelé pouding indien. Cette variante cuit deux fois plus vite que l'original.

Lait	2 tasses	500 mL
Beurre ou margarine dure	1 c. à soupe	15 mL
Sel	1/8 c. à thé	0,5 mL
Semoule de maïs	1/4 tasse	60 mL
Mélasse, légère ou de cuisine	1/3 tasse	75 mL
Raisins secs (au goût)	1/4 tasse	60 mL
Gros œuf	1	1
Cannelle moulue	1/4 c. à thé	1 mL
Crème ou crème glacée		

Ébouillanter le lait, le beurre et le sel dans un bain-marie.

Incorporer graduellement la semoule de maïs. Cuire, en remuant de temps en temps, environ 20 minutes, jusqu'à ce que la préparation épaississe. Retirer du feu.

Combiner la mélasse, les raisins secs, l'œuf et la cannelle dans un petit bol. Bien battre à la cuillère. Ajouter au mélange de semoule de maïs. Remuer. Verser le tout dans une cocotte graissée de 1 L (1 pte). Cuire au four, à découvert, à 350 °F (175 °C) pendant 1 3/4 à 2 heures.

Servir tiède, avec de la crème ou de la crème glacée. Pour 4 personnes.

1 portion : 228 calories (956 kJ); 7 g de matières grasses; 7 g de protéines; 1 g de fibres alimentaires

CRÈME ANGLAISE

Un bon choix de dessert pour ponctuer un repas de légumes.

Gros œufs	3	3
Lait	2 tasses	450 mL
Cassonade, tassée	¼ tasse	60 mL
Sel	¼ c. à thé	1 mL
Vanille	1 c. à thé	5 mL
Essence d'orange	¼ c. à thé	1 mL
Pacanes, moulues fin (ou noix de cajou pour une garniture moins foncée)	⅓ tasse	75 mL
Muscade moulue, une pincée		

Battre les œufs dans un petit bol jusqu'à ce qu'ils soient mousseux. Ajouter le lait, la cassonade, le sel, la vanille et l'essence d'orange. Battre pour combiner le tout.

Incorporer les pacanes. Verser le tout dans une cocotte non graissée de 1 L (1 pte). Poser la cocotte au centre d'un plat plus grand rempli d'eau chaude jusqu'à 2,5 cm (1 po) du haut de la cocotte. Cuire au four, à découvert, à 350 °F (175 °C) environ 1 heure, jusqu'à ce qu'un couteau enfoncé à mi-chemin entre le centre et le bord du plat ressorte propre.

Saupoudrer de muscade. Servir froid. Donne 4 portions généreuses.

1 portion : 234 calories (978 kJ); 11,9 g de matières grasses; 10 g de protéines; 1 g de fibres alimentaires

CARRÉS GRAHAM AU CHOCOLAT

Les pépites de chocolat abondent dans ces moelleux carrés.

Chapelure de biscuits Graham	1 tasse	250 mL
Lait condensé sucré (voir remarque)	11 oz	300 mL
Brisures de chocolat mi-sucré	1 tasse	250 mL
Noix de Grenoble, hachées	½ tasse	125 mL

Mettre tous les ingrédients dans un bol. Bien mélanger. Presser le tout dans un plat graissé de 20 x 20 cm (8 x 8 po). Cuire au four à 350 °F (175 °C) environ 25 minutes. Couper en 25 carrés avant que les carrés ne refroidissent complètement.

Remarque : Pour une boîte de 398 mL (14 oz) de lait condensé, mettre 275 mL (1¼ tasse) de chapelure Graham.

1 carré : 121 calories (506 kJ); 6 g de matières grasses; 2 g de protéines; 1 g de fibres alimentaires

BARRE AUX NOIX

Cette barre déborde de céréales, de beurre d'arachides et d'arachides fraîches. Elle est si bonne et si riche.

Sirop de maïs	1 tasse	250 mL
Sucre granulé	½ tasse	125 mL
Beurre d'arachides crémeux	1 tasse	250 mL
Vanille	1 c. à thé	5 mL
Céréale de flocons de maïs	2 tasses	500 mL
Céréale de riz croustillant	2 tasses	500 mL
Arachides salées	1 tasse	250 mL
GARNITURE		
Brisures de chocolat mi-sucré	2 tasses	500 mL
Beurre ou margarine dure	¼ tasse	60 mL

Chauffer le sirop de maïs et le sucre dans une grande casserole. Remuer pour dissoudre le sucre.

Incorporer le beurre d'arachides et la vanille.

Ajouter les céréales et les arachides. Bien remuer. Presser le tout dans un moule graissé de 22 × 33 cm (9 × 13 po). Laisser refroidir.

Garniture : Faire fondre le chocolat et le beurre dans une casserole, à feu doux, en remuant souvent. Étaler la garniture sur le premier mélange, dans le moule. Laisser reposer jusqu'à ce que la garniture durcisse. Couper en 54 carrés.

1 carré : 123 calories (513 kJ); 7,2 g de matières grasses; 2 g de protéines; 1 g de fibres alimentaires

BOULES CROQUANTES AUX ARACHIDES

Une confiserie sans cuisson, qui fait un bon goûter nutritif.

Beurre d'arachides crémeux	1 tasse	250 mL
Miel liquide	1 tasse	250 mL
Lait écrémé en poudre	1 tasse	250 mL
Céréale de riz croustillant	1 tasse	250 mL
Chapelure de biscuits Graham	¾ tasse	200 mL
Sucre granulé	¼ tasse	60 mL

(suite...)

Combiner le beurre d'arachides et le miel dans un bol.

Ajouter le lait en poudre. Bien mélanger.

Ajouter les céréales de riz et la chapelure Graham. Combiner le tout. Façonner des boules avec 10 mL (2 c. à thé) du mélange à la fois.

Verser le sucre dans un petit bol. Passer les boules dans le sucre pour les enrober. Réfrigérer avant de servir. Donne environ 44 boules.

1 boule : *95 calories (396 kJ); 3,5 g de matières grasses; 3 g de protéines; trace de fibres alimentaires*

CARRÉS AUX PACANES

Les pacanes remontent en surface au cours de la cuisson. Quand on retourne les carrés, elles se retrouvent donc au fond.

Beurre ou margarine dure	**¼ tasse**	**60 mL**
Farine tout usage	**⅔ tasse**	**150 mL**
Cassonade, tassée	**2 tasses**	**500 mL**
Pacanes, hachées fin	**2 tasses**	**500 mL**
Bicarbonate de soude	**¼ c. à thé**	**1 mL**
Sel	**¼ c. à thé**	**1 mL**
Gros œufs	**4**	**4**
Vanille	**2 c. à thé**	**10 mL**
Sucre à glacer, une pincée		

Faire fondre le beurre dans un plat de 22 x 33 cm (9 x 13 po) tapissé de papier d'aluminium. Mettre de côté.

Combiner les 5 prochains ingrédients dans un grand bol. Bien mélanger.

Battre les œufs et la vanille dans un petit bol jusqu'à ce que le tout gonfle. Ajouter au mélange de farine. Remuer. Dresser la pâte à la cuillère dans le plat contenant le beurre fondu. Ne pas remuer. Cuire au four à 350 °F (175 °C) environ 25 minutes, mais pas trop longtemps. Retirer du four et inverser immédiatement sur un plateau. Dégager délicatement le papier d'aluminium. Laisser refroidir 30 minutes.

Saupoudrer de sucre à glacer tamisé. Couper les carrés lorsqu'ils ont refroidi. Couper 54 carrés.

1 carré : *83 calories (346 kJ); 4,4 g de matières grasses; 1 g de protéines; trace de fibres alimentaires*

BISCUITS DE PÂTE AUX FINES HERBES

Cette savoureuse confection rehausse tous les plats de résistance.

Farine tout usage	1 tasse	250 mL
Farine de blé entier	1 tasse	250 mL
Poudre à pâte	4 c. à thé	20 mL
Sel	½ c. à thé	2 mL
Aneth	½ c. à thé	2 mL
Thym moulu	¼ c. à thé	1 mL
Poudre d'ail	⅛ c. à thé	0,5 mL
Sucre granulé	1 c. à soupe	15 mL
Beurre ou margarine dure	¼ tasse	60 mL
Lait	¾ tasse	175 mL

Verser les 8 premiers ingrédients dans un bol. Mélanger. Incorporer le beurre au mélangeur à pâtisserie jusqu'à obtenir un mélange grossier.

Verser le lait sur le mélange. Remuer jusqu'à obtenir une boule de pâte molle. Pétrir 6 à 8 fois sur une surface légèrement farinée. Abaisser la pâte à 2 cm (¾ po) d'épaisseur. La couper avec un emporte-pièce de 5 cm (2 po). Disposer les ronds de pâte sur une plaque à pâtisserie non graissée. Cuire au four à 450 °F (230 °C) pendant 12 à 15 minutes. Donne 12 biscuits.

1 biscuit : 126 calories (529 kJ); 4,7 g de matières grasses; 3 g de protéines; 2 g de fibres alimentaires

Photo à la page 143.

RELISH DE POMMES

Ce relish croquant se prépare en un tour de main. On peut augmenter la quantité de cornichons au goût.

Grosse pomme à cuire, non pelée, coupée en morceaux (McIntosh par exemple)	1	1
Oignon haché	2 c. à soupe	30 mL
Relish de cornichons à l'aneth ou cornichons à l'aneth, hachés	2 c. à soupe	30 mL
Sucre granulé	2 c. à soupe	30 mL
Vinaigre blanc	2 c. à soupe	30 mL

Passer la pomme, l'oignon et le relish au robot culinaire ou au hachoir jusqu'à obtenir des gros morceaux. Verser le tout dans un bol.

Incorporer le sucre et le vinaigre. Servir avec des plats riches en protéines. Donne largement 250 mL (1 tasse).

30 mL (2 c. à soupe) : 23 calories (97 kJ); trace de matières grasses; trace de protéines; trace de fibres alimentaires

PAIN ITALIEN AU FROMAGE

Ce pain est incroyable. On ne peut s'arrêter après une seule tranche.

Farine tout usage	2 ½ tasses	625 mL
Sucre granulé	¼ tasse	60 mL
Sachets de levure rapide	2 × ¼ oz	2 × 8 g
Sel	1 ½ c. à thé	7 mL
Lait	1 tasse	250 mL
Eau	1 tasse	250 mL
Beurre ou margarine dure	½ tasse	125 mL
Gros œufs	2	2
Farine tout usage, environ	2 ¾ tasses	675 mL
FARCE		
Mozzarella, râpé	1 tasse	250 mL
Beurre ou margarine dure, ramolli	¼ tasse	60 mL
Sachet d'assaisonnement à l'italienne pour sauce à salade ou trempette (Salades et trempettes par exemple)	1 ½ oz	42 g
Poudre d'ail	¼ c. à thé	1 mL
Graines de sésame	2 c. à soupe	30 mL

Mettre les 4 premiers ingrédients dans un grand bol. Bien remuer.

Chauffer le lait, l'eau et le beurre dans une casserole jusqu'à ce que le tout soit bien tiède et que le beurre soit fondu. Ajouter ce mélange au premier.

Ajouter les œufs. Battre à basse vitesse pour humecter les ingrédients secs. Battre à vitesse moyenne pendant 3 minutes.

Incorporer de la farine jusqu'à obtenir une pâte ferme.

Farce : Bien combiner les 4 premiers ingrédients dans un petit bol.

Bien graisser un moule à kugelhopf de 2,7 L (12 tasses). Y répandre les graines de sésame. Répartir la moitié de la pâte dans le moule. Dresser la farce à la cuillère sur la pâte, en restant à 12 mm (½ po) des côtés du moule. Disposer le reste de la pâte sur la farce. Couvrir le moule avec une feuille de papier ciré graissé et un torchon. Laisser la pâte fermenter dans le four, avec la lumière allumée et la porte fermée, pendant 30 minutes où jusqu'à ce qu'elle ait doublé de volume. Cuire au four à 350 °F (175 °C) environ 30 minutes, jusqu'à ce que le pain soit doré. Quand il est prêt, il rend un son creux quand on le cogne du doigt. Démouler immédiatement sur une grille et laisser refroidir. Servir tiède ou froid. Donne 1 pain de 24 délicieuses tranches.

1 tranche : 208 calories (870 kJ); 8,8 g de matières grasses; 6 g de protéines; 1 g de fibres alimentaires

SALSA AUX OIGNONS ROUGES

Cette sauce colorée et épaisse est épicée et très bonne. Elle complète bien les plats riches en protéines.

Gros oignon rouge, haché	1	1
Poivron rouge, haché	1	1
Vinaigre de vin rouge	¼ tasse	60 mL
Préparation à bouillon de légumes instantané	1 c. à soupe	15 mL
Thym moulu	¼ c. à thé	1 mL
Sel	½ c. à thé	2 mL
Poivre	⅛ c. à thé	0,5 mL
Poivre de Cayenne	⅛ c. à thé	0,5 mL

Combiner tous les ingrédients dans une casserole. Porter à ébullition à feu moyen. Laisser bouillir doucement, en remuant de temps en temps, jusqu'à ce que la salsa épaississe, environ 20 minutes. Laisser refroidir. Donne 350 mL (1 ½ tasse).

30 mL (2 c. à soupe) : 12 calories (52 kJ); trace de matières grasses; trace de protéines; trace de fibres alimentaires

Photo à la page 35.

BISCUITS DE PÂTE AUX AMANDES

Tendres et légers, ces biscuits sont une source inopinée de protéines.

Farine tout usage	2 tasses	500 mL
Amandes, moulues	½ tasse	125 mL
Sucre granulé	2 c. à soupe	30 mL
Poudre à pâte	4 c. à thé	20 mL
Sel	¾ c. à thé	4 mL
Huile de cuisson	⅓ tasse	75 mL
Lait	¾ tasse	175 mL

Combiner les 5 premiers ingrédients dans un bol.

Ajouter l'huile de cuisson et le lait. Remuer jusqu'à obtenir une boule de pâte molle. Pétrir 6 à 8 fois sur une surface légèrement farinée. Abaisser la pâte à 2 cm (¾ po) d'épaisseur. La couper avec un emporte-pièce de 5 cm (2 po). Disposer les ronds de pâte sur une plaque à pâtisserie non graissée. Cuire au four à 450 °F (230 °C) pendant 12 à 15 minutes. Donne 12 biscuits.

1 biscuit : 179 calories (749 kJ); 9,1 g de matières grasses; 4 g de protéines; 1 g de fibres alimentaires

CHUTNEY À LA MANGUE

Accompagnement idéal des plats à forte teneur en protéines, ce chutney est clair et coloré.

Mangue, mûre, ferme, pelée et coupée en petit morceaux	1	1
Vinaigre blanc	¼ tasse	60 mL
Cassonade, tassée	¼ tasse	60 mL
Raisins secs, grossièrement hachés	⅓ tasse	75 mL
Moutarde préparée	1 c. à thé	5 mL
Gingembre moulu	¼ c. à thé	1 mL
Poudre d'ail	⅛ c. à thé	0,5 mL
Sauce piquante au piment	⅛ c. à thé	0,5 mL

Combiner tous les ingrédients dans un poêlon. Remuer. Porter à ébullition. Couvrir. Laisser mijoter doucement, sous couvert, environ 15 minutes, jusqu'à ce que la mangue soit tendre. Donne 300 mL (1¼ tasse).

30 mL (2 c. à soupe) : 46 calories (193 kJ); trace de matières grasses; trace de protéines; 1 g de fibres alimentaires

PAIN AUX RAISINS ET AUX NOIX

Ce pain est à essayer à la place du pain ordinaire. Il est également bon grillé.

Gros œuf	1	1
Lait	1 tasse	250 mL
Huile de cuisson	1 c. à soupe	15 mL
Raisins secs, grossièrement hachés	1 tasse	250 mL
Noix de Grenoble, hachées	1 tasse	250 mL
Farine tout usage	1½ tasse	375 mL
Farine de blé entier	1½ tasse	375 mL
Poudre à pâte	1 c. à soupe	15 mL
Sel	1 c. à thé	5 mL

Battre l'œuf dans un bol. Ajouter le lait, l'huile, les raisins secs et les noix.

Ajouter les autres ingrédients. Remuer pour les humecter. La pâte est ferme. La verser dans un moule graissé de 22 x 12 x 7 cm (9 x 5 x 3 po). Égaliser le dessus. Laisser reposer 20 minutes à la température de la pièce. Cuire au four à 350 °F (175 °C) environ 40 minutes. Laisser refroidir 10 minutes. Démouler sur une grille. Donne 1 pain de 12 tranches.

1 tranche : 251 calories (1 052 kJ); 9,3 g de matières grasses; 7 g de protéines; 4 g de fibres alimentaires

MUFFINS AU BLÉ ET AUX RAISINS

Ces muffins moelleux et savoureux contiennent des raisins secs et des noix.

Gros œufs	2	2
Huile de cuisson	2 c. à soupe	30 mL
Lait sur (ou 15 mL, 1 c. à soupe, de vinaigre blanc mêlé au lait)	1 tasse	250 mL
Bicarbonate de soude	½ c. à thé	2 mL
Raisins secs	½ tasse	125 mL
Noix de Grenoble, hachées	⅓ tasse	75 mL
Farine tout usage	1 tasse	250 mL
Farine de blé entier	1 tasse	250 mL
Cassonade, tassée	¼ tasse	60 mL
Poudre à pâte	2 c. à thé	10 mL
Sel	½ c. à thé	2 mL

Battre les œufs dans un bol. Ajouter l'huile de cuisson.

Dissoudre le bicarbonate de soude dans le lait sur. Ajouter le tout aux œufs.

Ajouter les raisins secs et les noix. Remuer.

Combiner les derniers ingrédients dans un autre bol. Ajouter ce mélange à la pâte. Remuer pour humecter les ingrédients secs. Répartir la pâte dans les cavités d'une plaque à muffins graissée. Cuire au four à 400 °F (205 °C) environ 15 minutes, jusqu'à ce qu'un cure-dents inséré au centre ressorte propre. Laisser reposer 5 minutes. Laisser refroidir sur une grille. Donne 12 muffins.

1 muffin : 181 calories (759 kJ); 6,2 g de matières grasses; 5 g de protéines; 2 g de fibres alimentaires

Le tahini, ou beurre de sésame, est excellent tel quel ou dans des plats comme l'hoummos, page 12, ou la sauce tahini, page 130.

Graines de sésame	½ **tasse**	125 mL
Eau	¼ **tasse**	60 mL
Huile de cuisson	2 c. à soupe	30 mL

Étaler les graines de sésame dans un moule à gâteau roulé ou un plat plus grand, non graissé. Les faire griller au four à 350 °F (175 °C) pendant 5 à 10 minutes. Remuer les graines toutes les 2 minutes. On cherche à les faire dorer, non à les noircir. Les verser dans le mélangeur.

Ajouter l'eau et l'huile de cuisson. Travailler les ingrédients 3 minutes, jusqu'à ce que la préparation soit lisse. Donne 125 mL (½ tasse).

15 mL (1 c. à soupe) : 83 calories (348 kJ); 7,9 g de matières grasses; 2 g de protéines; 2 g de fibres alimentaires

PÂTÉ AUX ARACHIDES

Ce moelleux et savoureux pâté est légèrement parfumé aux arachides.

Eau bouillante	1 tasse	250 mL
Riz instantané	1 tasse	250 mL
Tomates, en conserve, non égouttées, écrasées	1 tasse	250 mL
Carottes, broyées (ou râpées très fin)	1 tasse	250 mL
Oignon, haché fin	¼ **tasse**	60 mL
Pommes de terre, broyées (ou râpées très fin)	1 tasse	250 mL
Chapelure de craquelins	1 tasse	250 mL
Boulghour	½ **tasse**	125 mL
Beurre d'arachides crémeux	⅓ **tasse**	75 mL
Gros œuf	1	1
Sel	½ c. à thé	2 mL
Poivre	¼ c. à thé	1 mL
Ketchup	3 c. à soupe	50 mL

Combiner l'eau bouillante et le riz. Laisser reposer 5 minutes.

Mettre les 10 prochains ingrédients dans un bol. Bien mélanger. Ajouter le riz. Remuer. Entasser dans un plat graissé de 20 x 10 x 7 cm (8 x 4 x 3 po).

Étaler le ketchup sur le dessus. Cuire au four, à découvert, à 350 °F (175 °C) environ 1 heure. Trancher en 8.

1 tranche : 238 calories (996 kJ); 7,9 g de matières grasses; 8 g de protéines; 4 g de fibres alimentaires

PAVÉS DE LÉGUMES

On dirait des petits steaks grillés. Ils sont fameux, avec un goût subtil.

Macédoine, égouttée (maïs, haricots verts et carottes)	2 × 14 oz	2 × 398 mL
Pommes de terre cuites, en purée	1 tasse	250 mL
Haricots pinto, en conserve, égouttés	14 oz	398 mL
Gros œufs	2	2
Gros biscuits de blé filamenté, écrasés	4	4
Sel	1 c. à thé	5 mL
Poivre	¼ c. à thé	1 mL
Poudre d'oignon	1 c. à thé	5 mL
Cheddar mi-fort ou fort, râpé	½ tasse	125 mL
Chapelure fine	1 tasse	250 mL
Huile de cuisson	1 c. à soupe	15 mL

Réduire les 3 premiers ingrédients en purée dans le robot culinaire ou à la fourchette. Recueillir dans un bol.

Incorporer les 7 prochains ingrédients. Laisser reposer 10 minutes. Façonner des pavés de 125 mL (½ tasse).

Chauffer l'huile dans une poêle à frire. Y faire dorer les pavés des deux côtés. Rajouter de l'huile de cuisson au besoin. Donne 10 pavés.

1 pavé : 211 calories (885 kJ); 5,3 g de matières grasses; 9 g de protéines; 5 g de fibres alimentaires

Photo à la page 71.

On prépare ce plat avec des fettucine couleur paille et couleur foin.
Il contient aussi des petits pois et des morceaux de «viande».

Fettucine verts	8 oz	250 g
Eau bouillante	3 pte	3 L
Huile de cuisson	1 c. à soupe	15 mL
Sel	2 c. à thé	10 mL
Fettucine blancs	8 oz	250 g
Eau bouillante	3 pte	3 L
Huile de cuisson (facultative)	1 c. à soupe	15 mL
Sel	2 c. à thé	10 mL
Beurre ou margarine dure	2 c. à soupe	30 mL
Champignons frais, tranchés	2 tasses	500 mL
Lait écrémé évaporé (ou crème à fouetter)	13 $\frac{1}{2}$ oz	385 mL
Petits pois, surgelés	2 tasses	500 mL
Sel	$\frac{1}{2}$ c. à thé	2 mL
Poivre	$\frac{1}{4}$ c. à thé	1 mL
Poudre d'ail	$\frac{1}{4}$ c. à thé	1 mL
Tranches déli Veggie, coupées en lanières courtes	5 $\frac{1}{2}$ oz	155 g
Parmesan, râpé	$\frac{1}{4}$ tasse	60 mL
Parmesan, râpé	$\frac{1}{4}$ tasse	60 mL

Cuire les fettucine verts dans la première quantité d'eau bouillante additionnée de l'huile et du sel, dans un faitout découvert, jusqu'à ce qu'ils soient tendres, mais encore fermes, soit 9 à 11 minutes. Les égoutter, puis les remettre dans le faitout.

Cuire les fettucine blancs dans la seconde quantité d'eau bouillante additionnée de l'huile et du sel, dans autre un faitout découvert, jusqu'à ce qu'ils soient tendres, mais encore fermes, soit 5 à 7 minutes. Les égoutter, puis les ajouter aux fettucine verts dans le faitout.

Faire fondre le beurre dans une poêle à frire. Faire revenir les champignons jusqu'à ce qu'ils soient tendres.

Incorporer le lait et les petits pois. Couvrir et laisser mijoter 2 à 3 minutes, le temps que les pois cuisent. Ajouter le tout aux fettucine.

Ajouter les assaisonnements, les tranches déli et la première quantité de parmesan. Chauffer jusqu'à ce que le tout soit très chaud. Verser dans un plat de service ou un bol.

Saupoudrer le reste du parmesan sur les pâtes. Donne 3 L (12 tasses).

500 mL (2 tasses) : *532 calories (2 211 kJ); 8,5 g de matières grasses; 31 g de protéines; 9 g de fibres alimentaires*

REPAS EN UN PLAT

Quelle variété. Il suffit de petits pains et d'une salade pour compléter le festin.

Oignon haché	1 tasse	250 mL
Céleri, haché	1 tasse	250 mL
Rutabaga, coupé en dés	1 tasse	250 mL
Pommes de terre, coupées en dés	1 tasse	250 mL
Carottes, coupées en dés	1 tasse	250 mL
Panais, coupés en dés	1 tasse	250 mL
Lentilles roses, sèches	1 tasse	250 mL
Eau bouillante	2 tasses	500 mL
Beurre d'arachides crémeux	$\frac{1}{4}$ tasse	60 mL
Sel	$\frac{1}{2}$ c. à thé	2 mL
Poivre	$\frac{1}{8}$ c. à thé	0,5 mL

Mettre les 7 premiers ingrédients dans une cocotte non graissée de 3 L (3 pte). Remuer pour répartir les légumes.

Combiner l'eau bouillante et le beurre d'arachides. Saler et poivrer. Remuer. Verser le tout sur les légumes. Couvrir. Cuire au four à 350 °F (175 °C) pendant 1 $\frac{1}{4}$ à 1 $\frac{1}{2}$ heure, jusqu'à ce que les légumes soient tendres. Pour 6 personnes.

1 portion : *258 calories (1 081 kJ); 6,3 g de matières grasses; 14 g de protéines; 6 g de fibres alimentaires*

Photo à la page 53.

1. Fricassé de légumes page 146
2. Risotto aux légumes page 73
3. Pâtes à l'italienne page 58 et
   Saucisses au tofu page 74
4. Repas en un plat page 52

Cocottes fournies par :
le rayon des articles ménagers de La Baie

Serviettes fournies par :
La Cache

Wok fourni par :
le rayon des articles ménagers de Eaton

Nappe fournie par :
Creations By Design

Baguettes fournies par :
Enchanted Kitchen

Ce plat ressemble en tous points à la moussaka traditionnelle.

Aubergines moyennes, pelées et coupées en tranches de 6 mm (¼ po) d'épaisseur	3	3
Sel, une pincée		

SAUCE

Beurre ou margarine dure	2 c. à soupe	30 mL
Champignons tranchés, surgelés (ou 1 kg, 2 lb, frais, tranchés)	2 lb	1 kg
Oignon haché	1½ tasse	375 mL
Pâte de tomates	5½ oz	156 mL
Poudre d'ail	½ c. à thé	2 mL
Basilic	½ c. à thé	2 mL
Origan entier	½ c. à thé	2 mL
Sucre granulé	½ c. à thé	2 mL
Sel	¾ c. à thé	4 mL
Poivre	¼ c. à thé	1 mL
Cannelle moulue, à peine	¼ c. à thé	1 mL
Mozzarella, râpé	2 tasses	500 mL
Parmesan, râpé	1 c. à soupe	15 mL

Disposer les tranches d'aubergines sur une plaque à pâtisserie non graissée. Saupoudrer de sel. Cuire au four à 375 °F (190 °C) environ 5 minutes, jusqu'à ce qu'elles soient tendres.

Sauce : Faire fondre le beurre dans une poêle à frire. Y faire revenir la ½ des champignons jusqu'à ce qu'ils soient tendres, puis le reste des champignons et enfin l'oignon, en rajoutant du beurre au besoin. Réserver les légumes dans un grand bol à mesure qu'ils sont prêts.

Ajouter les 8 prochains ingrédients. Remuer.

Dans un plat graissé de 22 × 22 cm (9 × 9 po), assembler successivement les couches suivantes :

1. la ½ des tranches d'aubergines;
2. la ½ de la sauce;
3. la ½ des tranches d'aubergines;
4. la ½ de la sauce;
5. le mozzarella;
6. le parmesan.

Cuire au four, à découvert, à 350 °F (175 °C) environ 30 minutes. Pour 6 personnes.

1 portion : 260 calories (1 087 kJ); 14,3 g de matières grasses; 15 g de protéines; 6 g de fibres alimentaires

LASAGNE FACILE

La garniture onctueuse et rouge est couronnée d'une croûte dorée. Le goût est celui de la lasagne. Le plat ne contient pas de pâtes.

Fromage cottage en crème	1 tasse	250 mL
Méli-mélo de «viande», page 96	1 tasse	250 mL
Pâte de tomates	5 ½ oz	156 mL
Mozzarella, râpé	½ tasse	125 mL
Origan entier	½ c. à thé	2 mL
Sel	½ c. à thé	2 mL
Ciboulette, hachée	2 c. à thé	10 mL
Sucre granulé	½ c. à thé	2 mL
Farine tout usage	½ tasse	125 mL
Poudre à pâte	1 c. à thé	5 mL
Sel	¼ c. à thé	1 mL
Huile de cuisson	1 c. à soupe	15 mL
Gros œufs	2	2
Lait	1 tasse	250 mL

Étaler le fromage cottage dans un plat graissé de 20 x 20 cm (8 x 8 po).

Bien combiner les 7 prochains ingrédients dans un bol. Dresser ce mélange sur le fromage cottage.

Combiner la farine, la poudre à pâte et le sel dans un bol. Incorporer l'huile de cuisson et les œufs en battant. Ajouter le lait. Battre pour combiner les ingrédients. Verser ce mélange dans le plat. Cuire au four à 400 °F (205 °C) pendant 40 à 45 minutes, jusqu'à ce qu'un couteau inséré au centre ressorte sec. Couper en 6 portions.

1 portion : 262 calories (1 095 kJ); 9,8 g de matières grasses; 16 g de protéines; 4 g de fibres alimentaires

Ce savoureux plat aux étages superposés est abondant.

Riz brun	2 tasses	500 mL
Eau bouillante	4 tasses	1 L
Sel	1 c. à thé	5 mL
Beurre ou margarine dure	1½ c. à soupe	25 mL
Oignon haché	1½ tasse	375 mL
Haricots à tache noire, en conserve, égouttés	14 oz	398 mL
Piments verts hachés, en conserve	4 oz	114 mL
Poudre d'ail	½ c. à thé	2 mL
Persil en flocons	1 c. à thé	5 mL
Poivre	¼ c. à thé	1 mL
Monterey Jack, râpé	2 tasses	500 mL
Fromage cottage en crème	2 tasses	500 mL
Cheddar mi-fort ou fort, râpé	¾ tasse	175 mL

Cuire le riz dans l'eau bouillante additionnée du sel environ 45 minutes, jusqu'à ce qu'il soit tendre et ait absorbé toute l'eau.

Faire fondre le beurre dans une poêle à frire. Y faire revenir l'oignon jusqu'à ce qu'il soit tendre. Ajouter au riz.

Ajouter les 5 prochains ingrédients. Remuer.

Dans une cocotte non graissée de 3 L (3 pte), assembler successivement les couches suivantes :

1. le ⅓ du mélange de riz;
2. la ½ du Monterey Jack;
3. la ½ du fromage cottage;
4. le ⅓ du mélange de riz;
5. la ½ du Monterey Jack;
6. la ½ du fromage cottage;
7. le ⅓ du mélange de riz;
8. le cheddar.

Cuire au four, sous couvert, à 350 °F (175 °C) environ 1 heure, jusqu'à ce que le plat soit chaud et que le fromage ait fondu. Pour dorer le fromage, découvrir le plat et poursuivre la cuisson pendant 10 minutes. Pour 8 personnes.

1 portion : 482 calories (2 018 kJ); 19,7 g de matières grasses; 25 g de protéines; 6 g de fibres alimentaires

PÂTES À L'ITALIENNE

La tomate ajoute de la couleur à ce plat délicieux et abondant.

Nouilles aux œufs moyennes	1 lb	454 g
Eau bouillante	4 pte	4 L
Huile de cuisson (facultative)	1 c. à soupe	15 mL
Sel	1 c. à soupe	15 mL
Huile de cuisson	1½ c. à soupe	25 mL
Oignon haché	1¼ tasse	300 mL
Poivron vert, haché	1	1
Saucisses, tranchées (voir remarque)	8	8
Tomates étuvées, en conserve	14 oz	398 mL
Soupe aux tomates condensée	10 oz	284 mL
Champignons tranchés, en conserve, égouttés	10 oz	284 mL
Parmesan, râpé	⅓ tasse	75 mL

Cuire les pâtes dans l'eau bouillante additionnée de la première quantité d'huile et du sel, dans une grande casserole découverte, jusqu'à ce qu'elles soient tendres, mais encore fermes, soit 5 à 7 minutes. Les égoutter, puis les remettre dans la casserole.

Chauffer la seconde quantité d'huile de cuisson dans une poêle à frire. Y faire revenir l'oignon et le poivron vert jusqu'à ce qu'ils soient tendres, puis les ajouter aux pâtes dans la casserole.

Ajouter les saucisses, les tomates, la soupe et les champignons. Remuer. Verser le tout dans une cocotte non graissée de 3 L (3 pte).

Garnir de fromage râpé. Cuire au four, sous couvert, à 350 °F (175 °C) environ 30 minutes. Découvrir. Poursuivre la cuisson pendant 5 minutes. Pour 8 personnes.

Remarque : Employer soit les saucisses au tofu, page 74, ou les saucisses aux haricots blancs, page 76.

1 portion : 385 calories (1 612 kJ); 10,5 g de matières grasses; 16 g de protéines; 5 g de fibres alimentaires

Photo à la page 53.

La marmite regorge de haricots et de légumes. Rajuster l'assaisonnement au goût.

Haricots rouges, en conserve, égouttés, liquide réservé	14 oz	398 mL
Petits haricots blancs, en conserve, égouttés, liquide réservé	19 oz	540 mL
Pois chiches, en conserve, égouttés, liquide réservé	19 oz	540 mL
Liquides réservés		
Eau	1 tasse	250 mL
Pommes de terre moyennes, coupées en cubes	2	2
Carottes moyennes, coupées en cubes	2	2
Navets, coupés en cubes	1 tasse	250 mL
Oignon haché	2 tasses	500 mL
Chou, râpé, tassé	1 tasse	250 mL
Céleri, tranché fin	½ tasse	125 mL
Sauce soja	2 c. à soupe	30 mL
Feuilles de laurier	2	2
Préparation à bouillon de légumes instantané	2 c. à thé	10 mL
Poudre d'ail	¼ à 1 c. à thé	1 à 5 mL
Thym moulu	¼ à 1 c. à thé	1 à 5 mL
Marjolaine moulue	¼ à 1 c. à thé	1 à 5 mL
Cumin moulu	⅛ à ¼ c. à thé	0,5 à 1 mL
Sel	1 c. à thé	5 mL
Poivre	¼ c. à thé	1 mL
Tomates étuvées, en conserve, écrasées	14 oz	398 mL
Petits pois, frais ou surgelés	1 tasse	250 mL
Fécule de maïs	3 c. à soupe	50 mL
Eau	3 c. à soupe	50 mL

Combiner les haricots dans un bol moyen.

Combiner les 17 prochains ingrédients dans une marmite en mettant la moindre quantité des assaisonnements. Couvrir et laisser mijoter 10 minutes. Ajouter les haricots. Laisser mijoter environ 3 minutes de plus, jusqu'à ce que les légumes soient tendres, mais encore croquants.

Ajouter les tomates et les petits pois. Laisser bouillir 3 ou 4 minutes. Goûter. Rajuster l'assaisonnement au besoin.

Délayer la fécule de maïs dans la dernière quantité d'eau, dans une petite tasse. L'incorporer au ragoût en ébullition et porter le tout à nouvelle ébullition, jusqu'à ce que le ragoût épaississe légèrement. Jeter les feuilles de laurier. Donne 3 L (12 tasses).

500 mL (2 tasses) : 397 calories (1 659 kJ); 3,1 g de matières grasses; 20 g de protéines; 14 g de fibres alimentaires

PÂTES EN SAUCE

Les pâtes sont nappées d'une sauce crémeuse aux œufs et aux asperges. L'ensemble est exquis.

Fusilli (spirales)	4 tasses	1 L
Eau bouillante	3 pte	3 L
Huile de cuisson (facultative)	1 c. à soupe	15 mL
Sel	1 c. à soupe	15 mL
SAUCE		
Farine tout usage	6 c. à soupe	100 mL
Sel	1 c. à thé	5 mL
Poivre	¼ c. à thé	1 mL
Poudre d'oignon	¼ c. à thé	1 mL
Lait écrémé évaporé	1½ tasse	375 mL
Lait	1½ tasse	375 mL
Beurre ou margarine dure	1 c. à soupe	15 mL
Œufs durs, coupés sur la hauteur en 8 quartiers	2 à 4	2 à 4
Morceaux d'asperges, en conserve, égouttés	12 oz	341 mL

Cuire les pâtes dans l'eau bouillante additionnée de l'huile et du sel, dans un faitout découvert, jusqu'à ce qu'elles soient tendres, mais encore fermes, soit 10 à 12 minutes. Égoutter.

Sauce : Combiner les 4 premiers ingrédients dans une casserole. Incorporer graduellement le lait évaporé, en veillant à ne pas faire de grumeaux. Incorporer le lait. Chauffer en remuant jusqu'à ce que la préparation bouille et épaississe.

Incorporer le beurre en remuant.

Ajouter les œufs et les asperges. Chauffer, en remuant doucement, jusqu'à ce que la sauce soit chaude. Répartir les pâtes dans 4 assiettes. Napper chaque portion de sauce. Pour 4 personnes.

1 portion : *593 calories (2 481 kJ); 11 g de matières grasses; 28 g de protéines; 4 g de fibres alimentaires*

RIZ ET BROCOLI AU FOUR

Ce plat est à la fois pratique et simple à apprêter.

Beurre ou margarine dure	1 c. à soupe	15 mL
Oignon haché	½ tasse	125 mL
Céleri, haché	¼ tasse	60 mL
Brocoli, grossièrement haché	1 lb	454 g
Eau bouillante		
Crème de champignons condensée	10 oz	284 mL
Boîte de soupe vide remplie d'eau	10 oz	284 mL
Boîte de soupe vide remplie de riz instantané	10 oz	284 mL
Cheddar mi-fort ou fort, râpé	½ tasse	125 mL
Sauce Worcestershire	1 c. à thé	5 mL
Thym moulu	⅛ c. à thé	0,5 mL
Poivre de Cayenne	⅛ c. à thé	0,5 mL
Cheddar mi-fort ou fort, râpé	¼ tasse	60 mL

Faire fondre le beurre dans une poêle à frire. Y faire revenir l'oignon et le céleri jusqu'à ce qu'ils soient tendres.

Cuire le brocoli dans l'eau bouillante jusqu'à ce qu'il soit tendre, mais encore croquant. Égoutter.

Combiner les 7 prochains ingrédients dans un grand bol. Ajouter les légumes. Remuer. Verser le tout dans une cocotte non graissée de 2 L (2 pte).

Répandre la dernière quantité de fromage râpé sur le plat. Couvrir. Cuire au four à 350 °F (175 °C) pendant 30 à 35 minutes. Pour 6 personnes.

1 portion : 232 calories (969 kJ); 11,1 g de matières grasses; 7 g de protéines; 3 g de fibres alimentaires

LASAGNE SIMPLICITÉ

Cette lasagne est simple à préparer et la viande ne manque aucunement.

SAUCE

Beurre ou margarine dure	1½ c. à soupe	25 mL
Champignons frais, tranchés	1½ tasse	375 mL
Oignon haché	1 tasse	250 mL
Sauce pour pâtes, préférablement épaisse, avec oignon et ail	25 oz	700 mL
Salsa douce	1 tasse	250 mL

GARNITURE AU FROMAGE

Blanc d'un gros œuf	1	1
Fromage cottage à faible teneur en matières grasses (moins de 1 % M.G.)	1 tasse	250 mL
Parmesan, râpé	½ tasse	125 mL
Lasagnes, prêtes au four	6	6
Mozzarella partiellement écrémé, râpé (à teneur en M.G. réduite de 35 %)	1½ tasse	375 mL
Parmesan, râpé	¼ tasse	60 mL

Sauce : Faire fondre le beurre dans une grande casserole. Y faire revenir l'oignon et les champignons jusqu'à ce qu'ils soient tendres.

Ajouter la sauce pour pâtes et la salsa. Laisser mijoter, en remuant souvent, environ 3 minutes. Retirer du feu.

Garniture au fromage : Combiner le blanc d'œuf, le fromage cottage et la première quantité de parmesan dans un petit bol. Mettre de côté.

Dans un plat non graissé de 22 × 22 cm (9 × 9 po), assembler successivement les couches suivantes :

1. 75 mL (⅓ tasse) de sauce;
2. 3 lasagnes;
3. la ½ de la garniture au fromage;
4. la ½ du reste de sauce;
5. la ½ du mozzarella;
6. 3 lasagnes;
7. la ½ de la garniture au fromage;
8. le reste de la sauce;
9. le reste du mozzarella;
10. le reste du parmesan.

Cuire au four, sous couvert, à 350 °F (175 °C) environ 45 minutes. Découvrir le plat et poursuivre la cuisson 10 à 15 minutes. Laisser reposer 10 minutes avant de servir. Pour 6 personnes.

1 portion : 304 calories (1 272 kJ); 13,4 g de matières grasses; 23 g de protéines; 4 g de fibres alimentaires

Le brocoli est lové entre les couches de pâtes. La garniture de fromage ajoute de la couleur et du goût.

Nouilles larges	½ lb	227 g
Eau bouillante	3 pte	3 L
Huile de cuisson (facultative)	1 c. à soupe	15 mL
Sel	2 c. à thé	10 mL
Brocoli, coupé en morceaux (environ 375 g, ¾ lb)	4 tasses	1 L
Eau bouillante	1 tasse	250 mL
Sel	¼ c. à thé	1 mL
Gros œufs	2	2
Fromage cottage en crème	1 tasse	250 mL
Yogourt nature	½ tasse	125 mL
Sel	¾ c. à thé	4 mL
Cheddar mi-fort ou fort, râpé	½ tasse	125 mL

Cuire les pâtes dans la première quantité d'eau bouillante additionnée de l'huile et du sel, dans un faitout découvert, jusqu'à ce qu'elles soient tendres, mais encore fermes, soit 6 à 10 minutes. Égoutter. Verser la ½ des pâtes dans une cocotte graissée de 2 L (2 pte).

Cuire le brocoli dans la seconde quantité d'eau bouillante additionnée du sel jusqu'à ce qu'il soit tendre, mais encore croquant. L'égoutter et l'étaler sur les pâtes, dans la cocotte.

Combiner les œufs, le fromage cottage, le yogourt et le sel dans le mélangeur. Travailler jusqu'à obtenir un mélange lisse. En verser la ½ sur le brocoli. Couvrir avec le reste des pâtes.

Répandre le fromage râpé sur le dessus du plat, puis le reste du mélange aux œufs sur le tout. Cuire au four, sous couvert, à 350 °F (175 °C) environ 20 minutes. Découvrir le plat et poursuivre la cuisson 10 minutes de plus, jusqu'à ce que le plat soit bien chaud. Pour 6 personnes.

1 portion : 281 calories (1 175 kJ); 8,1 g de matières grasses; 18 g de protéines; 2 g de fibres alimentaires

MACARONI AU FROMAGE

Un plat fort satisfaisant. La garniture de chapelure ponctue parfaitement le tout.

Coudes	1½ tasse	375 mL
Eau bouillante	3 pte	3 L
Huile de cuisson (facultative)	1 c. à soupe	15 mL
Sel	2 c. à thé	10 mL
Beurre ou margarine dure	1 c. à soupe	15 mL
Oignon, haché fin	½ tasse	125 mL
Crème de champignons condensée	10 oz	284 mL
Lait	⅔ tasse	150 mL
Sel	½ c. à thé	2 mL
Poivre, une pincée		
Cheddar mi-fort, râpé	2 tasses	500 mL
GARNITURE		
Beurre ou margarine dure	2 c. à soupe	30 mL
Chapelure	½ tasse	125 mL
Cheddar mi-fort, râpé	¼ tasse	60 mL

Cuire les coudes dans l'eau bouillante additionnée de l'huile et du sel, dans une grande casserole découverte, jusqu'à ce qu'ils soient tendres, mais encore fermes, soit 5 à 7 minutes. Égoutter les coudes et les remettre dans la casserole.

Faire fondre le beurre dans une poêle à frire. Y faire revenir l'oignon jusqu'à ce qu'il soit tendre.

Incorporer la crème de champignons, le lait, le sel, le poivre et le fromage et remuer jusqu'à ce que le tout soit mélangé et que le fromage soit fondu. Ajouter le tout aux coudes. Remuer. Verser le mélange dans une cocotte graissée de 1,5 L (1½ pte).

Garniture : Faire fondre le beurre dans une autre casserole. Retirer du feu. Y ajouter la chapelure et remuer jusqu'à ce qu'elle soit combinée avec le beurre. Ajouter le fromage râpé. Remuer. Étaler le tout sur le dessus du plat. Cuire au four, à découvert, à 350 °F (175 °C) environ 30 minutes, jusqu'à ce que le plat soit bien chaud et le dessus, doré. Pour 6 personnes.

1 portion : 468 calories (1 958 kJ); 28 g de matières grasses; 19 g de protéines; 1 g de fibres alimentaires

PÂTES EN SAUCE AUX HARICOTS

Un plat qui fait un repas complet à lui tout seul.

SAUCE AUX HARICOTS ET AUX TOMATES

Huile de cuisson	1 c. à soupe	15 mL
Oignon haché	1 tasse	250 mL
Petit poivron vert, épépiné et haché	1	1
Gousse d'ail, émincée (ou 1 mL, ¼ c. à thé, de poudre d'ail)	1	1
Tomates étuvées, en conserve, défaites	14 oz	398 mL
Haricots rouges, en conserve, égouttés	14 oz	398 mL
Jus de pomme	½ tasse	125 mL
Sel	¼ c. à thé	1 mL
Poivre	⅛ c. à thé	0,5 mL
Fumée liquide	⅛ à ¼ c. à thé	0,5 à 1 mL

PÂTES

Rigatoni ou plumes (tubes)	1 lb	454 g
Eau bouillante	4 pte	4 L
Huile de cuisson (facultative)	1 c. à soupe	15 mL
Sel	1 c. à soupe	15 mL

Sauce aux haricots et aux tomates : Chauffer l'huile dans une poêle à frire. Y faire revenir l'oignon, le poivron vert et l'ail jusqu'à ce qu'ils soient tendres.

Ajouter les tomates, les haricots, le jus de pomme, le sel et le poivre. Remuer. Ajouter la moindre quantité de fumée liquide. Remuer et goûter. Rajuster l'assaisonnement au goût. Laisser bouillir doucement environ 30 minutes, jusqu'à ce que la préparation épaississe légèrement.

Pâtes : Cuire les pâtes dans l'eau bouillante additionnée de l'huile et du sel, dans un faitout découvert, jusqu'à ce qu'elles soient tendres, mais encore fermes, soit 11 à 13 minutes. Égoutter et répartir dans 4 assiettes tièdes. Napper les pâtes de sauce. Pour 4 personnes.

1 portion : 605 calories (2 530 kJ); 5,9 g de matières grasses; 22 g de protéines; 12 g de fibres alimentaires

DHAL

Cette sauce, qui contient des lentilles, est servie sur un lit de riz.

Lentilles roses	1 tasse	250 mL
Eau	2 tasses	500 mL
Oignon haché	1 tasse	250 mL
Grosse tomate, coupée en dés	1	1
Gousses d'ail, émincées (ou 2 mL, ½ c. à thé, de poudre d'ail)	2	2
Curcuma	¼ c. à thé	1 mL
Poivre de Cayenne	½ à 1 c. à thé	2 à 5 mL
Sel	¾ c. à thé	4 mL
Coriandre moulue	1 c. à thé	5 mL
Riz basmati	1⅓ tasse	325 mL
Eau	2⅔ tasses	650 mL
Sel	½ c. à thé	2 mL

Combiner les 9 premiers ingrédients dans une casserole. Couvrir et cuire environ 20 minutes, jusqu'à ce que les légumes soient tendres. Laisser refroidir. Passer le tout au mélangeur ou servir directement.

Cuire le riz dans l'eau additionnée de la seconde quantité de sel environ 15 minutes, jusqu'à ce qu'il soit tendre et ait absorbé l'eau. Répartir le mélange de lentilles sur les portions individuelles de riz. Pour 6 personnes.

1 portion : 291 calories (1 217 kJ); 0,8 g de matières grasses; 13 g de protéines; 6 g de fibres alimentaires

DHAL AUX COURGETTES

Un plat complet, qui contient des haricots, des courgettes et du riz.

Haricots mungo	1 tasse	250 mL
Eau	3 tasses	750 mL
Sel	1 c. à thé	5 mL
Courgettes moyennes, non pelées, hachées (environ 1 L, 4 tasses)	2	2
Noix de coco en poudre ou râpée très fin	2 c. à soupe	30 mL
Huile de cuisson	1 c. à thé	5 mL
Graines de cumin	¼ c. à thé	1 mL
Poivre de Cayenne (au goût)	⅛ c. à thé	0,5 mL
Riz basmati (ou autre riz à grains longs)	1½ tasse	375 mL
Eau	3 tasses	750 mL
Sel	½ c. à thé	2 mL

(suite...)

Verser les haricots, l'eau et la première quantité de sel dans une casserole. Porter à ébullition. Couvrir. Laisser mijoter environ 25 minutes, jusqu'à ce que les haricots soient tendres.

Ajouter les courgettes et la noix de coco. Laisser mijoter 5 à 10 minutes, jusqu'à ce que les courgettes soient tendres.

Combiner l'huile de cuisson, les graines de cumin et le Cayenne dans une petite casserole. Faire revenir à feu vif et ajouter le tout au mélange de courgettes.

Laisser le riz mijoter sous couvert, dans l'eau et la seconde quantité de sel, environ 15 minutes jusqu'à ce qu'il soit tendre et ait absorbé toute l'eau. Servir le dhal sur le riz ou à côté. Pour 8 personnes.

1 portion : 249 calories (1 040 kJ); 2,1 g de matières grasses; 10 g de protéines; 4 g de fibres alimentaires

CARI AUX HARICOTS AU FOUR

Un plat foncé, légèrement aromatisé au cari. On peut rajuster l'assaisonnement au goût. La recette peut facilement être doublée.

Haricots rouges, en conserve, non égouttés, écrasés ou en purée	14 oz	398 mL
Noix de Grenoble (ou autres noix)	1 tasse	250 mL
Gros œufs, battus	3	3
Ketchup	3 c. à soupe	50 mL
Poudre de cari	½ c. à thé	2 mL
Sauge moulue	½ c. à thé	2 mL
Sel	1 c. à thé	5 mL
Sel au céleri	½ c. à thé	2 mL
Boulghour	⅓ tasse	75 mL

Mettre tous les ingrédients dans un bol. Bien mélanger. Verser dans une cocotte graissée de 1 L (1 pte). Cuire au four, à découvert, à 350 °F (175 °C) 45 à 50 minutes, jusqu'à ce que le plat soit pris. Pour 6 personnes.

1 portion : 219 calories (916 kJ); 10,9 g de matières grasses; 11 g de protéines; 7 g de fibres alimentaires

GALETTES EN SAUCE

La texture des galettes est celle de la viande. Avec sa sauce rouge, ce plat convient bien pour des invités.

Gros œufs	4	4
Chapelure	2 tasses	500 mL
Oignon haché	1 tasse	250 mL
Pacanes moulues (ou noix de Grenoble)	1 tasse	250 mL
Pommes de terre, râpées	1 tasse	250 mL
Flocons d'avoine (pas instantanés)	1 tasse	250 mL
Mozzarella, râpé	1 tasse	250 mL
Lait	½ tasse	125 mL
Ketchup	2 c. à soupe	30 mL
Agent de brunissement	1 c. à thé	5 mL
Sel	1½ c. à thé	7 mL
Poivre	¼ c. à thé	1 mL
Huile de cuisson	1 c. à soupe	15 mL
SAUCE À L'OIGNON ET AUX TOMATES		
Huile de cuisson	1 c. à soupe	15 mL
Oignon haché	2 tasses	500 mL
Farine tout usage	2 c. à soupe	30 mL
Sucre granulé	½ c. à thé	2 mL
Sel	½ c. à thé	2 mL
Poivre	¼ c. à thé	1 mL
Basilic	¼ c. à thé	1 mL
Sauce Worcestershire	¼ c. à thé	1 mL
Jus de tomates	19 oz	540 mL

Battre les œufs dans un bol. Ajouter les 11 prochains ingrédients. Mélanger. Laisser reposer 10 minutes. Façonner des galettes avec 60 mL (¼ tasse) du mélange à la fois. Donne 16 galettes.

Chauffer l'huile dans une poêle à frire. Faire dorer les deux côtés des galettes. Disposer celles-ci dans une cocotte non graissée de 3 L (3 pte).

Sauce à l'oignon et aux tomates : Chauffer l'huile dans une poêle à frire. Y faire revenir l'oignon jusqu'à ce qu'il soit tendre.

Incorporer la farine, le sucre, le sel, le poivre et le basilic. Incorporer la sauce Worcestershire et le jus de tomates en remuant jusqu'à ce que la sauce bouille et épaississe. Verser la sauce sur les galettes. Couvrir. Cuire au four à 350 °F (175 °C) environ 30 minutes. Pour 6 personnes.

1 portion : 562 calories (2 353 kJ); 27,1 g de matières grasses; 20 g de protéines; 6 g de fibres alimentaires

GRATIN DE PÂTES AU FROMAGE

Servi avec des légumes et une laitue à feuilles foncée, ce plat se transforme en véritable festin.

Beurre ou margarine dure	2 c. à soupe	30 mL
Petites courgettes, non pelées, tranchées	4 tasses	1 L
Champignons frais, tranchés	1 tasse	250 mL
Sel, une pincée		
Poivre, une pincée		
Tomates moyennes, hachées	4	4
Romaine, déchirée, légèrement tassée (ou épinards)	3 tasses	750 mL
Plumes (ou autres pâtes)	8 oz	250 g
Eau bouillante	3 pte	3 L
Huile de cuisson (facultative)	1 c. à soupe	15 mL
Sel	2 c. à thé	10 mL
Mozzarella, râpé (ou 4 tranches épaisses, enveloppées)	1 tasse	250 mL
Cheddar mi-fort ou fort, râpé (ou 4 tranches épaisses, enveloppées)	1 tasse	250 mL

Faire fondre le beurre dans une poêle à frire. Y faire revenir les courgettes et les champignons jusqu'à ce qu'ils soient tendres et que le liquide soit complètement évaporé. Saler et poivrer.

Ajouter les tomates et la romaine. Remuer. Laisser mijoter 15 minutes, en remuant souvent.

Cuire les pâtes dans l'eau bouillante additionnée de l'huile et du sel, dans un faitout découvert, jusqu'à ce qu'elles soient tendres, mais encore fermes, soit 11 à 13 minutes. Égoutter les pâtes, puis les remettre dans le faitout. Ajouter le mélange de courgettes. Remuer. Verser le tout dans une cocotte non graissée de 3 L (3 pte).

Couvrir de mozzarella, puis de cheddar. Cuire au four, à découvert, à 350 °F (175 °C) environ 30 minutes, jusqu'à ce que le plat soit chaud et que le fromage ait fondu. Pour 6 personnes.

1 portion : 368 calories (1 541 kJ); 16,5 g de matières grasses; 17 g de protéines; 4 g de fibres alimentaires

CARRÉS AU FROMAGE COTTAGE

La garniture est d'un beau brun doré et le goût, subtil.

Beurre ou margarine dure	½ tasse	125 mL
Oignon haché	1¼ tasse	300 mL
Fromage cottage en crème	4 tasses	1 L
Flocons d'avoine (pas instantanés)	1 tasse	250 mL
Céréale de riz croustillant	6 tasses	1,5 L
Lait	⅓ tasse	75 mL
Gros œufs	5	5
Poudre d'ail	¼ c. à thé	1 mL
Sel	1 c. à thé	5 mL
Poivre	¼ c. à thé	1 mL

Faire fondre le beurre dans une poêle à frire. Y faire revenir l'oignon jusqu'à ce qu'il soit tendre. Verser dans un grand bol.

Ajouter les 8 prochains ingrédients. Bien mélanger. Étaler la préparation dans un plat graissé de 22 × 33 cm (9 × 13 po). Cuire au four, à découvert, à 350 °F (175 °C) pendant 50 à 60 minutes. Laisser reposer 10 minutes avant de servir. Couper en 12 morceaux.

1 portion : 288 calories (1 205 kJ); 14,8 g de matières grasses; 16 g de protéines; 1 g de fibres alimentaires

1. Salade de croustilles de maïs page 116
2. Pilaf de lentilles page 141
3. Boulettes fantaisie page 84
4. Côtelettes de riz page 88
5. Pavés de légumes page 50
6. Sauce aux champignons page 132

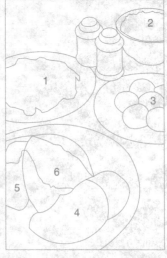

Un plat des plus colorés.

Oignon moyen, haché	1	1
Céleri, tranché	1 tasse	250 mL
Tomates, en conserve, égouttées, hachées et égouttées de nouveau	19 oz	540 mL
Poudre chili	2 c. à thé	10 mL
Poivron vert, épépiné et haché	1	1
Haricots rouges, en conserve, égouttés	14 oz	398 mL
Riz brun cuit (environ 60 mL, ¼ tasse, de riz non cuit)	1 tasse	250 mL
Maïs en grains, en conserve, égoutté	12 oz	341 mL
Sel	¼ c. à thé	1 mL
Poivre	⅛ c. à thé	0,5 mL
Craquelins de blé entier émiettés (ou croustilles de maïs non salées)	½ tasse	125 mL
Édam, râpé	½ tasse	125 mL

Combiner les 4 premiers ingrédients dans une casserole. Chauffer jusqu'à ce que la préparation mijote. Couvrir et laisser mijoter 5 minutes. Remuer une ou deux fois pendant la cuisson. Retirer du feu.

Ajouter les 6 prochains ingrédients. Remuer. Verser le tout dans une cocotte non graissée de 2 L (2 pte). Couvrir. Cuire au four à 350 °F (175 °C) pendant 15 minutes.

Répandre les craquelins et le fromage sur le dessus du plat. Cuire au four, à découvert, à 350 °F (175 °C) pendant 15 minutes de plus. Pour 6 personnes, en portions de 250 mL (1 tasse).

1 portion : 222 calories (931 kJ); 4,6 g de matières grasses; 10 g de protéines; 8 g de fibres alimentaires

Photo à la page 53.

SAUCISSES AU TOFU

Ces savoureuses saucisses complètent agréablement le repas. À servir avec du ketchup.

Tofu ferme	1 lb	454 g
Vinaigre de cidre	1½ c. à soupe	25 mL
Poudre chili	2 c. à thé	10 mL
Sel	1 c. à thé	5 mL
Poivre	¼ c. à thé	1 mL
Origan entier	¾ c. à thé	4 mL
Paprika	½ c. à thé	2 mL
Noix de Grenoble, moulues	½ tasse	125 mL
Cumin moulu	¼ c. à thé	1 mL
Poudre d'ail	¼ c. à thé	1 mL
Poudre d'oignon	¼ c. à thé	1 mL
Boulghour	½ tasse	125 mL
Flocons d'avoine (pas instantanés)	1 tasse	250 mL
Huile de cuisson	1 c. à soupe	15 mL

Écraser le tofu dans un bol. Ajouter les 10 prochains ingrédients. Mélanger.

Ajouter le boulghour et les flocons d'avoine. Remuer. Laisser reposer au moins 10 minutes. Façonner les saucisses avec 30 mL (2 c. à soupe) du mélange à la fois.

Chauffer l'huile dans une poêle à frire. Dorer les saucisses. Donne environ 28 saucisses.

1 saucisse : 59 calories (247 kJ); 3 g de matières grasses; 4 g de protéines; 1 g de fibres alimentaires

Photo aux pages 53 et 89.

SOUFFLÉ DE HARICOTS

Ce plat légèrement épicé a une texture délicate et légère.

Gros jaunes d'œufs	4	4
Ketchup	2 c. à soupe	30 mL
Haricots rouges, en conserve, égouttés	14 oz	398 mL
Sel	½ c. à thé	2 mL
Poivre	⅛ c. à thé	0,5 mL
Poudre d'oignon	¼ c. à thé	1 mL
Cheddar mi-fort ou fort, râpé	1 tasse	250 mL
Gros blancs d'œufs, à la température de la pièce	4	4

(suite...)

Mettre les 6 premiers ingrédients dans le mélangeur. Travailler le tout jusqu'à ce que la préparation soit lisse. Verser dans un grand bol.

Ajouter le fromage. Remuer.

Monter les blancs d'œufs en neige ferme dans un bol moyen. Incorporer au mélange de haricots. Verser le tout dans une cocotte de 2 pte (2 L) graissée. Cuire au four, à découvert, à 350 °F (175 °C) pendant 35 à 40 minutes, jusqu'à ce que le soufflé soit pris. Pour 8 personnes.

1 portion : *146 calories (610 kJ); 7,6 g de matières grasses; 10 g de protéines; 3 g de fibres alimentaires*

ROULEAUX AUX LÉGUMES

Si ces rouleaux sont très bons quand on planifie quels légumes y mettre, on peut aussi bien les préparer avec les légumes que l'on a sous la main.

Tortillas à la farine, 18 ou 22 cm (7 ou 9 po) de diamètre	4	4
Yogourt nature	1/4 tasse	60 mL
Graines de sésame, grillées	2 c. à thé	10 mL
Riz brun, cuit	1/4 tasse	60 mL
Brocoli frais, haché, légèrement cuit (ou cru)	1/2 tasse	125 mL
Longs bâtonnets de carottes, légèrement cuits (ou crus)	12	12
Germes de soja, luzerne ou autres	1/4 tasse	60 mL
Sauce aux arachides, page 131, ou Sauce tahini, page 130	4 à 6 c. à thé	20 à 30 mL

Entasser les 4 tortillas entre des essuie-tout humides, dans le micro-ondes. Les chauffer à puissance maximale pendant 40 à 55 secondes jusqu'à ce qu'elles soient tièdes, molles et se plient aisément. On peut également envelopper les tortillas dans du papier d'aluminium et les réchauffer au four à 350 °F (175 °C) environ 8 minutes. Poser les tortillas sur un plan de travail.

Répartir les 6 prochains ingrédients au centre des tortillas.

Garnir de sauce aux arachides, page 131 ou de sauce tahini, page 130. Rouler les tortillas en repliant un des deux côtés. Donne 4 rouleaux.

1 rouleau : *176 calories (737 kJ); 3,4 g de matières grasses; 7 g de protéines; 2 g de fibres alimentaires*

SAUCISSES AUX HARICOTS BLANCS

Ces excellentes saucisses complètent le menu.

Gros haricots blancs, en conserve, égouttés	19 oz	540 mL
Gros œuf	1	1
Sauge moulue	½ c. à thé	2 mL
Sel	½ c. à thé	2 mL
Poivre	⅛ c. à thé	0,5 mL
Chapelure	1 tasse	250 mL
Lait	1 c. à soupe	15 mL
Huile de cuisson	1 c. à soupe	15 mL

Écraser les haricots dans une assiette avec une fourchette.

Battre l'œuf dans un bol. Incorporer la sauge, le sel et le poivre. Ajouter la chapelure. Remuer. Ajouter les haricots. Bien mélanger. Ajouter du lait au besoin, assez pour pouvoir façonner le mélange. Façonner des rouleaux de saucisse avec 30 mL (2 c. à soupe) du mélange à la fois.

Chauffer l'huile dans une poêle à frire. Faire dorer les saucisses. Rajouter de l'huile au besoin. Donne 18 saucisses.

1 saucisse : 69 calories (288 kJ); 1,5 g de matières grasses; 3 g de protéines; 1 g de fibres alimentaires

Photo à la page 89.

PÂTÉ AU PRESQUE-POULET

Ce plat ressemble à un pâté au poulet. Les invités pourraient bien s'y méprendre.

Gros œufs	4	4
Lait	2 tasses	500 mL
Sauge moulue	1 c. à thé	5 mL
Sel	2 c. à thé	10 mL
Chapelure	2 tasses	500 mL
Noix de Grenoble, hachées (ou autres noix)	2 tasses	500 mL

Battre les œufs dans un bol jusqu'à ce qu'ils moussent. Incorporer le lait, la sauge et le sel.

Ajouter la chapelure et les noix. Remuer. Verser la préparation dans un plat graissé de 22 x 12 x 7 cm (9 x 5 x 3 po). Cuire au four, à découvert, à 350 °F (175 °C) pendant 40 à 45 minutes. Trancher en 10.

1 tranche : 315 calories (1 319 kJ); 20,4 g de matières grasses; 11 g de protéines; 2 g de fibres alimentaires

GALETTES DE POIS CHICHES

Elles sont légèrement assaisonnées au parmesan. On peut d'ailleurs en mettre plus, au goût.

Boulghour	½ tasse	125 mL
Eau bouillante	½ tasse	125 mL
Gros œufs	2	2
Pois chiches, en conserve, égouttés	19 oz	540 mL
Chapelure	¼ tasse	60 mL
Persil frais, haché (ou 10 mL, 2 c. à thé, de flocons)	3 c. à soupe	50 mL
Parmesan, râpé	2 c. à soupe	30 mL
Sauce Worcestershire	1 c. à thé	5 mL
Moutarde en poudre	½ c. à thé	2 mL
Sel	½ c. à thé	2 mL
Origan entier	¼ c. à thé	1 mL
Basilic déshydraté	¼ c. à thé	1 mL
Poudre d'ail	¼ c. à thé	1 mL
Poivre	⅛ c. à thé	0,5 mL

Combiner le boulghour et l'eau bouillante dans un bol moyen. Couvrir et laisser reposer 15 minutes.

Travailler les œufs et les pois chiches au mélangeur jusqu'à ce que le mélange soit lisse. Incorporer au boulghour. Remuer.

Ajouter les autres ingrédients. Bien remuer. Façonner des galettes avec 60 mL (¼ tasse) du mélange à la fois. Faire revenir les galettes dans une poêle à frire graissée, en en faisant dorer les deux côtés. Donne 10 galettes.

1 galette : 120 calories (500 kJ); 2,6 g de matières grasses; 6 g de protéines; 3 g de fibres alimentaires

Photo à la page 107.

GALETTES DE LÉGUMINEUSES

Servir ces galettes avec des oignons frits et tous les accompagnements de rigueur.

Pois cassés (n'importe quelle couleur)	1¼ tasse	300 mL
Eau bouillante	3 tasses	750 mL
Gros œuf	1	1
Jus de citron, frais ou en bouteille	1 c. à soupe	15 mL
Oignon haché	½ tasse	125 mL
Thym moulu	½ c. à thé	2 mL
Persil en flocons	1½ c. à thé	7 mL
Sauce soja	½ c. à thé	2 mL
Agent de brunissement	1 c. à thé	5 mL
Sel	1 c. à thé	5 mL
Poivre	¼ c. à thé	1 mL
Riz brun, cuit	1 tasse	250 mL
Farine tout usage	¼ tasse	60 mL
Chapelure	1½ tasse	375 mL
Farine tout usage	¼ tasse	60 mL

Cuire les pois cassés dans l'eau environ 30 minutes, jusqu'à ce qu'ils soient tendres. Égoutter.

Mettre les 10 prochains ingrédients dans le mélangeur. Travailler le tout pour combiner les ingrédients. Ajouter les pois cassés. Travailler le mélange jusqu'à ce qu'il soit lisse. Verser le tout dans un bol.

Incorporer la première quantité de farine et la chapelure. Laisser reposer 10 minutes. Façonner des galettes avec 60 mL (¼ tasse) du mélange à la fois.

Tremper les galettes dans la seconde quantité de farine. Les faire revenir dans une poêle à frire graissée, en en faisant dorer les deux côtés. Servir avec une sauce barbecue. Donne 18 galettes.

1 galette : 123 calories (513 kJ); 1,1 g de matières grasses; 6 g de protéines; 3 g de fibres alimentaires

Photo à la page 107.

PAIN AUX NOIX

Les restes de ce pain peuvent être servis avec un assortiment froid ou en sandwich.

Beurre ou margarine dure	2 c. à soupe	30 mL
Oignon haché	2 tasses	500 mL
Noix de Grenoble, moulues	1½ tasse	375 mL
Pacanes, moulues	1½ tasse	375 mL
Flocons d'avoine (pas instantanés), passés au mélangeur	1 tasse	250 mL
Céréale de flocons de son, grossièrement écrasée	1 tasse	250 mL
Sel	½ c. à thé	2 mL
Poivre	⅛ c. à thé	0,5 mL
Origan entier	¼ c. à thé	1 mL
Poudre d'ail	¼ c. à thé	1 mL
Thym moulu	⅛ c. à thé	0,5 mL
Préparation à bouillon de légumes instantané	1 c. à soupe	15 mL
Eau bouillante	¾ tasse	175 mL
Tranches de tomates, pour couvrir	6 à 8	6 à 8
Cheddar mi-fort, râpé	¾ tasse	175 mL
Mozzarella, râpé	¾ tasse	175 mL

Faire fondre le beurre dans une poêle à frire. Y faire revenir l'oignon jusqu'à ce qu'il soit tendre. Verser dans un grand bol.

Ajouter les 9 prochains ingrédients. Bien mélanger.

Délayer la préparation à bouillon dans l'eau bouillante, dans un petit bol. Verser sur le premier mélange. Remuer. Entasser la ½ du mélange dans un plat graissé de 20 x 10 x 7 cm (8 x 4 x 3 po).

Disposer les tranches de tomates sur le dessus du plat, puis répandre les deux fromages. Couvrir avec l'autre ½ du mélange de noix. Cuire au four, à découvert, à 350 °F (175 °C) pendant 30 à 35 minutes. Trancher en 10.

1 tranche : 331 calories (1 386 kJ); 25,2 g de matières grasses; 11 g de protéines; 4 g de fibres alimentaires

Photo à la page 35.

CHILI

Un chili coloré, consistant, très bon et rassasiant, qui peut convenir pour la famille ou pour un groupe, selon les quantités utilisées.

Huile de cuisson	2 c. à soupe	30 mL
Oignon haché	3 tasses	750 mL
Poivron vert, haché	1	1
Poivron rouge, haché	1	1
Haricots rouges, en conserve, égouttés	2 × 14 oz	2 × 398 mL
Haricots pinto, en conserve, égouttés	14 oz	398 mL
Aubergine moyenne, pelée, coupée en dés	1	1
Tomates étuvées, en conserve	14 oz	398 mL
Soupe aux tomates condensée	10 oz	284 mL
Vinaigre de cidre	1 c. à soupe	15 mL
Cassonade, tassée	¼ tasse	60 mL
Poudre chili	2 c. à soupe	30 mL
Champignons tranchés, en conserve, égouttés	10 oz	284 mL
Poudre d'ail	½ c. à thé	2 mL
Sel	1 c. à thé	5 mL
Poivre	¼ c. à thé	1 mL

Chauffer l'huile dans une poêle à frire. Y faire revenir l'oignon et les poivrons jusqu'à ce qu'ils soient tendres. On peut effectuer la cuisson en deux parties, au besoin. Verser les légumes attendris dans une grande casserole ou une marmite.

Ajouter les autres ingrédients. Chauffer en remuant souvent jusqu'à ce que la préparation commence à bouillir. Laisser bouillir doucement, à découvert, pendant 5 à 10 minutes, en remuant de temps en temps. Donne 2,3 L (10¼ tasses), soit 5 portions.

1 portion : 452 calories (1 891 kJ); 8,3 g de matières grasses; 19 g de protéines; 19 g de fibres alimentaires

Ce plat pourrait facilement passer pour un délicieux plat de viande. Pour les novices de la cuisine sans viande, il est à essayer en premier.

Gros œufs	2	2
Sauce soja	1 c. à soupe	15 mL
Tofu mi-ferme, égoutté, séché avec un essuie-tout et coupé en cubes	½ lb	227 g
Noix de Grenoble, hachées	½ tasse	125 mL
Huile de cuisson	2 c. à soupe	30 mL
Oignon haché	1½ tasse	375 mL
Céleri, haché	¾ tasse	175 mL
Champignons frais, tranchés (ou une boîte de 284 mL, 10 oz)	2 tasses	500 mL
Sachet de soupe à l'oignon déshydratée	1 × 1½ oz	1 × 42 g
Origan entier	½ c. à thé	2 mL
Cumin moulu	½ c. à thé	2 mL
Basilic déshydraté	½ c. à thé	2 mL
Parmesan, râpé	2 c. à soupe	30 mL
Chapelure	1½ tasse	375 mL

Travailler les œufs, la sauce soja et le tofu au mélangeur jusqu'à ce qu'ils soient lisses.

Ajouter les noix de Grenoble. Travailler le mélange jusqu'à ce qu'elles soient broyées.

Chauffer l'huile dans une poêle à frire. Y faire revenir l'oignon, le céleri et les champignons jusqu'à ce qu'ils soient tendres. Réserver dans un bol.

Ajouter le contenu du mélangeur, puis les 6 autres ingrédients. Bien mélanger. Entasser la préparation dans un moule graissé de 20 x 10 x 7 cm (8 x 4 x 3 po). Cuire au four à 350 °F (175 °C) environ 45 minutes. Laisser reposer 10 minutes. Démouler sur un plat de service. Trancher en 10.

1 tranche : 217 calories (909 kJ); 11,2 g de matières grasses; 10 g de protéines; 1 g de fibres alimentaires

Photo à la page 35.

RÔTI FAVORI

On pense manger de la viande en dégustant ce plat. Les restes conviennent pour faire des sandwiches ou pour un pique-nique.

Gros œufs	3	3
Fromage cottage en crème	2 tasses	500 mL
Lait	¼ tasse	60 mL
Agent de brunissement liquide	½ c. à thé	2 mL
Oignon, haché fin	1 tasse	250 mL
Préparation à bouillon de légumes instantané	1 c. à soupe	15 mL
Huile de cuisson	¼ tasse	60 mL
Pacanes, moulues	½ tasse	125 mL
Céréale de flocons de son	4½ tasses	1,1 L
Cheddar fort, râpé	⅓ tasse	75 mL
Thym moulu	¼ c. à thé	1 mL
Ketchup	2 c. à soupe	30 mL

Battre les œufs dans un bol pour les combiner. Ajouter le fromage cottage, le lait et l'agent de brunissement. Battre pour mêler le tout.

Ajouter les 7 prochains ingrédients. Bien mélanger. Entasser la préparation dans un moule graissé de 22 × 12 × 7 cm (9 × 5 × 3 po).

Étaler le ketchup sur le dessus. Cuire au four, à découvert, à 375 °F (190 °C) pendant 45 minutes. Servir chaud. Trancher en 10.

1 tranche : 279 calories (1 166 kJ); 15,2 g de matières grasses; 13 g de protéines; 4 g de fibres alimentaires

RAGOÛT DE LENTILLES

Cet excellent ragoût, qui cuit dans une marmite, regorge de légumes divers.

Eau	6 tasses	1,5 L
Préparation à bouillon de légumes instantané	2 c. à soupe	30 mL
Pâte de tomates	5 ½ oz	156 mL
Riz brun	¼ tasse	60 mL
Carottes, coupées en bouchées	2 tasses	500 mL
Pommes de terre, coupées en bouchées	2 tasses	500 mL
Céleri, tranché	1 tasse	250 mL
Oignon haché	1 ½ tasse	375 mL
Lentilles roses	1 tasse	250 mL
Rutabaga, coupé en bouchées	1 tasse	250 mL
Sel	¾ c. à thé	4 mL
Poivre	¼ c. à thé	1 mL
Poudre d'ail	¼ c. à thé	1 mL
Sucre granulé	½ c. à thé	2 mL
Feuille de laurier	1	1
Petits pois, frais ou surgelés	1 tasse	250 mL

Mettre tous les ingrédients, sauf les petits pois, dans un grand faitout ou une marmite. Porter à ébullition en remuant souvent. Laisser bouillir doucement pendant 1¾ heure. Remuer de temps en temps pour éviter que le ragoût ne colle au fond de la marmite.

Ajouter les petits pois. Laisser bouillir jusqu'à ce qu'ils soient cuits. Jeter la feuille de laurier. Donne 2,7 L (10 ¾ tasses), soit 5 portions.

Remarque : On peut laisser le ragoût mijoter pendant 1½ heure, puis le laisser refroidir et le ranger au réfrigérateur. Il suffit ensuite de le réchauffer ½ heure avant de servir.

1 portion : 360 calories (1 505 kJ); 2,9 g de matières grasses; 18 g de protéines; 13 g de fibres alimentaires

Photo à la page 89.

BOULETTES FANTAISIE

Fantaisie, parce qu'il est difficile de croire que ce plat ne contient pas de viande.

Gros œufs	5	5
Fromage cottage en crème	1 tasse	250 mL
Basilic déshydraté	1 c. à thé	5 mL
Sel	¾ c. à thé	4 mL
Poivre	⅛ c. à thé	0,5 mL
Oignon haché	¾ tasse	175 mL
Mozzarella, râpé	1 tasse	250 mL
Chapelure	2 tasses	500 mL
Noix de Grenoble, moulues	1 tasse	250 mL
Persil en flocons	1 c. à thé	5 mL
Assaisonnement pour volaille	1¼ c. à thé	6 mL
Sauce tomate	7½ oz	213 mL
Eau	1 tasse	250 mL
Sucre granulé	½ c. à thé	2 mL

Battre les œufs dans un bol jusqu'à ce qu'ils soient lisses. Ajouter le fromage cottage, le basilic, le sel et le poivre. Battre pour combiner le tout.

Ajouter les 6 prochains ingrédients. Remuer. Laisser reposer 10 minutes. Façonner des boulettes de 4 cm (1½ po) et les disposer dans un plat non graissé de 22 × 33 cm (9 × 13 po), en une seule couche.

Combiner la sauce tomate, l'eau et le sucre dans un petit bol. Verser le tout sur les boulettes. Cuire au four, à découvert, à 350 °F (175 °C) environ 35 minutes. Donne environ 3 douzaines de boulettes. Pour 8 personnes.

1 portion : 313 calories (1 310 kJ); 14,4 g de matières grasses; 18 g de protéines; 2 g de fibres alimentaires

Photo à la page 71.

CASSEROLE DE FROMAGE ET DE NOIX

Ce plat aux noix est coiffé d'une garniture de chapelure dorée. Savoureux, il ressemble à un pain de viande.

Beurre ou margarine dure	2 c. à soupe	30 mL
Oignon, haché fin	1⅓ tasse	325 mL
Eau	½ tasse	125 mL
Son naturel	1½ tasse	375 mL
Cheddar fort, râpé	2 tasses	500 mL
Jus de citron, frais ou en bouteille	2 c. à soupe	30 mL
Gros œufs, battus à la fourchette	3	3
Noix de Grenoble, moulues	1½ tasse	375 mL
Sel	1 c. à thé	5 mL
Poivre	¼ c. à thé	1 mL
GARNITURE		
Beurre ou margarine dure	1 c. à soupe	15 mL
Chapelure	¼ tasse	60 mL

Faire fondre le beurre dans une poêle à frire. Y faire revenir l'oignon jusqu'à ce qu'il soit transparent et commence juste à dorer. Retirer du feu.

Incorporer les 8 prochains ingrédients, dans l'ordre. Verser le tout dans une cocotte graissée de 2 L (2 pte).

Garniture : Faire fondre le beurre dans une petite casserole. Incorporer la chapelure. Répandre le tout sur le dessus du plat. Cuire au four, à découvert, à 350 °F (175 °C) environ 30 minutes, jusqu'à ce que le plat soit doré et bien chaud. Servir avec la sauce rouge, page 130. Pour 6 personnes.

1 portion : 468 calories (1 960 kJ); 36,4 g de matières grasses; 22 g de protéines; 9 g de fibres alimentaires

SIMILI-BOULETTES DE VIANDE

Ce joli plat contient une foule de boulettes, toutes nappées de sauce.

Flocons d'avoine (pas instantanés)	1 tasse	250 mL
Chapelure de craquelins	1 tasse	250 mL
Sel	1 c. à thé	5 mL
Poivre	1 c. à thé	5 mL
Sauge moulue	½ c. à thé	2 mL
Poudre chili	½ c. à thé	2 mL
Fromage cottage en crème	1 tasse	250 mL
Oignon, haché fin	1½ tasse	375 mL
Gros œufs	2	2
Crème de champignons condensée	10 oz	284 mL
Eau (ou lait)	⅓ tasse	75 mL

Combiner les 6 premiers ingrédients dans un bol. Remuer.

Ajouter les 3 prochains ingrédients. Bien mélanger. Laisser reposer 10 minutes, le temps que la chapelure et les flocons d'avoine absorbent l'humidité. Façonner des boulettes de 4 cm (1½ po) et les déposer dans une cocotte non graissée de 22 x 22 cm (9 x 9 po).

Combiner la crème de champignons et l'eau dans un bol. Verser le tout sur les boulettes. Couvrir. Cuire au four à 350 °F (175 °C) environ 45 minutes. Découvrir le plat. Poursuivre la cuisson environ 30 minutes, jusqu'à ce que le plat soit légèrement doré. Donne environ 27 boulettes. Pour 6 personnes.

1 portion : 256 calories (1 071 kJ); 10,3 g de matières grasses; 12 g de protéines; 3 g de fibres alimentaires

GALETTES DE RIZ ET DE CHAMPIGNONS

Ces galettes ont une bonne texture élastique. Elles sortent de l'ordinaire.

Riz brun	1⅓ tasse	325 mL
Eau	2⅔ tasses	650 mL
Huile de cuisson	1 c. à soupe	15 mL
Oignon, haché fin	½ tasse	125 mL
Champignons, hachés fin	2 tasses	500 mL
Cheddar mi-fort ou fort, râpé	½ tasse	125 mL
Sel	¾ c. à thé	4 mL
Poivre	¼ c. à thé	1 mL
Poudre d'ail (au goût)	⅛ c. à thé	0,5 mL

(suite...)

Cuire le riz dans l'eau environ 45 minutes, jusqu'à ce qu'il soit tendre et ait absorbé toute l'eau. Rajouter quelques gouttes d'eau au besoin.

Chauffer l'huile dans une poêle à frire. Y faire revenir l'oignon et les champignons jusqu'à ce qu'ils soient tendres. Les incorporer au riz.

Ajouter les autres ingrédients. Bien remuer. Façonner des galettes avec 60 mL (¼ tasse) du mélange à la fois. Faire revenir les galettes dans une poêle à frire graissée, en en faisant dorer les deux côtés. Donne 15 galettes.

1 galette : 93 calories (390 kJ); 2,8 g de matières grasses; 3 g de protéines; 1 g de fibres alimentaires

PAVÉS DE COURGETTES

Colorés de petits brins rouges et verts, ces pavés complètent savoureusement le repas.

Carottes, râpées	½ tasse	125 mL
Oignon haché	½ tasse	125 mL
Poivron rouge, haché	¼ tasse	60 mL
Poivron vert, haché	¼ tasse	60 mL
Chapelure fine de craquelins	2 tasses	500 mL
Farine tout usage	¼ tasse	60 mL
Poudre à pâte	1 c. à thé	5 mL
Sel	¾ c. à thé	4 mL
Poivre	⅛ c. à thé	0,5 mL
Courgettes non pelées, râpées	3 tasses	750 mL
Gros œufs, battus à la fourchette	2	2
Huile de cuisson	2 c. à soupe	30 mL

Mettre les 9 premiers ingrédients dans un grand bol. Remuer.

Incorporer les courgettes et les œufs battus. Façonner des pavés (galettes) avec environ 60 mL (¼ tasse) du mélange à la fois.

Chauffer l'huile dans une poêle à frire. Y faire dorer les pavés des deux côtés. Donne environ 1 douzaine de pavés.

1 pavé : 117 calories (489 kJ); 5,1 g de matières grasses; 3 g de protéines; 1 g de fibres alimentaires

Photo sur la couverture.

CÔTELETTES DE RIZ

Il est surprenant que ces côtelettes ne conservent qu'un léger parfum de beurre d'arachides. La recette peut être doublée.

Eau bouillante	1 tasse	250 mL
Beurre d'arachides crémeux	½ tasse	125 mL
Riz instantané	1 tasse	250 mL
Sel	½ c. à thé	2 mL
Sel au céleri	½ c. à thé	2 mL
Poudre d'oignon	¼ c. à thé	1 mL
Gros œuf, battu à la fourchette	1	1

Combiner les 6 premiers ingrédients dans une casserole. Chauffer en remuant jusqu'à ce que la préparation bouille. Retirer du feu. Poser la casserole dans de l'eau froide pour accélérer le refroidissement du contenu. Remuer souvent.

Incorporer l'œuf au mélange refroidi. Laisser reposer au moins 30 minutes au réfrigérateur pour que la préparation durcisse suffisamment. Façonner des côtelettes (galettes) avec environ 60 mL (¼ tasse) du mélange à la fois. Les disposer sur une plaque à pâtisserie non graissée. Cuire au four à 375 °F (190 °C) pendant 10 minutes. Retourner les côtelettes. Poursuivre la cuisson pendant 10 minutes. Donne 6 petites côtelettes.

1 côtelette : 209 calories (875 kJ); 12,2 g de matières grasses; 8 g de protéines; 2 g de fibres alimentaires

Photo à la page 71.

1. Ragoût de lentilles page 83
2. Salade de pâtes et de légumes page 111
3. Saucisses aux haricots blancs page 76
4. Sauce rouge page 130
5. Saucisses au tofu page 74

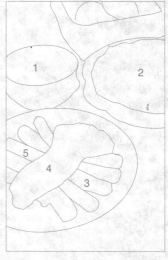

Poterie fournie par :
Clayworks Studios

Panier fourni par :
La Baie

Serviettes fournies par :
La Cache

Comme on ne met que la moitié de la crème de champignons dans les galettes, on peut se servir du reste pour faire une sauce.

Beurre ou margarine dure	1 c. à soupe	15 mL
Oignon haché	1 tasse	250 mL
Gros œufs	2	2
Flocons d'avoine (pas instantanés)	1 tasse	250 mL
Crème de champignons condensée (voir remarque)	½ × 10 oz	½ × 284 mL
Sauce Worcestershire	½ c. à thé	2 mL
Sel	½ c. à thé	2 mL
Poudre d'ail	⅛ c. à thé	0,5 mL
Thym moulu	⅛ c. à thé	0,5 mL
Huile de cuisson	1 c. à soupe	15 mL

Faire fondre le beurre dans une poêle à frire. Y faire revenir l'oignon jusqu'à ce qu'il soit tendre.

Battre les œufs dans un bol jusqu'à ce qu'ils moussent. Ajouter les 6 prochains ingrédients, puis l'oignon. Bien mélanger. Laisser reposer 10 minutes.

Chauffer l'huile dans une poêle à frire. Dresser le mélange dans la poêle, à raison de 60 mL (¼ tasse) à la fois. Écraser les petits monticules avec le dos d'une cuillère pour façonner des galettes rondes. Les dorer des deux côtés. Donne 6 galettes.

Remarque : Chauffer le reste de la crème de champignons en l'allongeant avec un peu de lait et servir comme sauce avec les galettes.

1 galette : 158 calories (661 kJ); 8,8 g de matières grasses; 5 g de protéines; 2 g de fibres alimentaires

HAMBOURGEOIS À L'AVOINE : Introduire les galettes dans des petits pains à hambourgeois. Garnir de ketchup, de relish, d'oignon, de tomate, de fromage ou d'une autre garniture, au goût.

Photo à la page 107.

HARICOTS ET SAUCISSES

Quel régal! On peut servir ce plat comme plat de résistance ou sur du pain grillé au dîner. Il est légèrement et savoureusement relevé.

Haricots en sauce tomate, en conserve	14 oz	398 mL
Paquet de saucisses au tofu, coupées en morceaux de 12 mm (½ po)	½ × 12 oz	½ × 340 g
Oignon haché	½ tasse	125 mL
Haricots en sauce tomate, en conserve	14 oz	398 mL
Paquet de saucisses au tofu, coupées en morceaux de 12 mm (½ po)	½ × 12 oz	½ × 340 g
Oignon haché	½ tasse	125 mL
Soupe aux tomates condensée	10 oz	284 mL
Mélasse légère	3 c. à soupe	50 mL
Moutarde préparée	1 c. à soupe	15 mL
Sel	½ c. à thé	2 mL
Poivre	¼ c. à thé	1 mL

Étaler les 6 premiers ingrédients en couches successives, dans l'ordre, dans un pot à haricots ou un faitout.

Combiner les 5 derniers ingrédients dans un bol. Verser le tout sur le contenu du faitout. Enfoncer un couteau dans les haricots pour que la sauce y pénètre. Couvrir. Cuire au four à 350 °F (175 °C) pendant 1½ heure. Découvrir. Poursuivre la cuisson pendant 30 minutes. Donne 1,25 L (5 tasses).

250 mL (1 tasse) : 339 calories (1 417 kJ); 3,2 g de matières grasses; 27 g de protéines; 11 g de fibres alimentaires

HARICOTS À LA FRANQUETTE

Ce plat de haricots est le summum. Il est à la fois différent et excellent.

Haricots en sauce tomate, en conserve	2 × 14 oz	2 × 398 mL
Haricots rouges, en conserve, non égouttés	14 oz	398 mL
Haricots de Lima, en conserve, égouttés	14 oz	398 mL
Morceaux de champignons, en conserve, égouttés	10 oz	284 mL
Huile de cuisson	2 c. à soupe	30 mL
Oignon haché	2½ tasses	625 mL
Cassonade, tassée	¾ tasse	175 mL
Vinaigre blanc	¼ tasse	60 mL
Fumée liquide	1 c. à thé	5 mL

(suite...)

Combiner les 4 premiers ingrédients dans un grand bol.

Chauffer l'huile dans une poêle à frire. Y faire revenir l'oignon jusqu'à ce qu'il soit tendre et transparent. Incorporer au premier mélange.

Ajouter les autres ingrédients. Bien remuer. Verser le tout dans une cocotte non graissée de 3 L (3 pte). Cuire au four, à découvert, à 325 °F (160 °C) pendant 1 heure. Pour 10 personnes.

1 portion : *271 calories (1 134 kJ); 4 g de matières grasses; 10 g de protéines; 11 g de fibres alimentaires*

GALETTES AU FROMAGE

Le goût incomparable du fromage et des tomates.

Soupe aux tomates condensée	¹/₃ tasse	75 mL
Gros œuf	1	1
Moutarde préparée	1 c. à thé	5 mL
Sel	½ c. à thé	2 mL
Poivre	¼ c. à thé	1 mL
Boulghour	¼ tasse	60 mL
Eau bouillante	¼ tasse	60 mL
Chapelure sèche (ou 500 mL, 2 tasses, fraîche)	1½ tasse	375 mL
Cheddar mi-fort ou fort, râpé	2 tasses	500 mL
Chapelure de craquelins	½ tasse	125 mL
Huile de cuisson	2 c. à soupe	30 mL

Combiner les 5 premiers ingrédients dans un bol moyen.

Combiner le boulghour et l'eau bouillante dans un petit bol. Couvrir. Laisser reposer 15 minutes. Ajouter le tout au mélange de soupe.

Incorporer la chapelure et le fromage. Laisser reposer 10 minutes. Façonner 10 galettes. Les galettes se façonnent plus aisément avec des mains humides.

Enrober les galettes de chapelure. Les faire dorer des deux côtés dans l'huile chaude. Rajouter de l'huile au besoin. Donne 12 galettes.

1 galette : *195 calories (814 kJ); 10,6 g de matières grasses; 8 g de protéines; 1 g de fibres alimentaires*

Photo à la page 107.

QUICHE AUX TOMATES ET AUX OIGNONS

Cette quiche peut faire office de plat de résistance ou d'entrée. Avec son dessus rouge, elle est bien colorée.

Huile de cuisson	1 ½ c. à soupe	25 mL
Oignon haché	1 ½ tasse	375 mL
Pâte brisée de blé entier, page 106, pour une abaisse de 22 cm (9 po)	1	1
Cheddar mi-fort ou fort, râpé	1 ½ tasse	375 mL
Gros œufs	3	3
Farine tout usage	2 c. à soupe	30 mL
Moutarde de Dijon	1 ½ c. à thé	7 mL
Lait écrémé évaporé (ou crème légère)	1 tasse	250 mL
Sel	½ c. à thé	2 mL
Poivre	⅛ c. à thé	0,5 mL
Tomates moyennes, tranchées	2	2
GARNITURE		
Persil en flocons	½ c. à thé	2 mL
Basilic déshydraté	¼ c. à thé	1 mL
Sel	⅛ c. à thé	0,5 mL

Poivre, une pincée
Poudre d'oignon, une pincée

Chauffer l'huile dans une poêle à frire. Y faire revenir l'oignon jusqu'à ce qu'il soit tendre. Laisser refroidir.

Étaler l'oignon dans l'abaisse. Répandre le fromage par-dessus.

Battre les œufs, la farine et la moutarde dans un bol jusqu'à ce que le mélange soit lisse. Ajouter le lait, le sel et le poivre. Battre. Verser le tout dans l'abaisse.

Disposer les tranches de tomates sur le dessus, en les superposant légèrement au besoin.

Garniture : Combiner les 3 premiers ingrédients. En saupoudrer les tomates.

Poivrer et saupoudrer de poudre d'oignon. Cuire sur la grille inférieure du four, à 350 °F (175 °C) pendant 35 à 40 minutes, jusqu'à ce qu'un couteau inséré au centre ressorte sec. Couper en 6 pointes pour servir comme plat de résistance (ou en 10 pointes comme entrée).

1 grosse pointe : 435 calories (1 818 kJ); 28,9 g de matières grasses; 17 g de protéines; 3 g de fibres alimentaires

Photo sur la couverture.

Les ké-sa-DI-yas cuisent dans le four. Tout le monde les aime.

Fromage à la crème, ramolli	4 oz	125 g
Salsa moyenne	1/3 tasse	75 mL
Poivron vert, haché	1/3 tasse	75 mL
Grosse tomate, évidée, coupée en dés	1	1
Piments verts hachés, en conserve, égouttés	4 oz	114 mL
Oignons verts, hachés	3	3
Tortillas à la farine (25 cm, 10 po)	6	6
Monterey Jack, râpé (ou cheddar mi-fort, au goût)	1 1/2 tasse	375 mL
Guacamole, page 14, salsa et crème sure, comme trempettes		

Écraser le fromage à la crème et la salsa à la fourchette, dans un bol peu profond ou une assiette. Mettre de côté.

Combiner les 4 prochains ingrédients dans un petit bol.

Déposer les tortillas sur un plan de travail. Étaler une partie du mélange au fromage à la crème sur la 1/2 de chaque tortilla, en arrêtant à 12 mm (1/2 po) du bord. Répandre le mélange de poivron et de tomate par-dessus.

Ajouter du fromage râpé. Replier la moitié non garnie de chaque tortilla sur le côté garni. Écraser légèrement le bord avec la main. Poser une plaque à pâtisserie non graissée. Cuire au four à 425 °F (220 °C) pendant 10 à 15 minutes ou griller sous la rampe du four.

Couper chaque tortilla en 4 pointes. Servir avec les trempettes. Donne 24 pointes.

1 pointe : 94 calories (393 kJ); 4,3 g de matières grasses; 4 g de protéines; trace de fibres alimentaires

QUESADILLAS EN AMUSE-GUEULE : Préparer la recette avec environ 10 tortillas à la farine de 20 cm (8 po) de diamètre. Suivre la recette qui précède. Couper chaque tortilla en 6 pointes. Donne 60 pointes.

MÉLI-MÉLO DE «VIANDE»

Il n'y a pas lieu d'être intimidé par la longue liste d'ingrédients car ils s'assemblent vite et bien.

MÉLI-MÉLO DE «VIANDE»

Oignon, râpé	1 tasse	250 mL
Carottes, râpées	½ tasse	125 mL
Boulghour	½ tasse	125 mL
Pois cassés jaunes	⅔ tasse	150 mL
Eau	3 tasses	700 mL
Ketchup	2 c. à soupe	30 mL
Sel	1 c. à thé	5 mL
Poivre	¼ c. à thé	1 mL
Persil en flocons	1 c. à thé	5 mL
Extrait de levure (par exemple Marmite ou Vegemite)	1 c. à thé	5 mL
Poudre d'ail	½ c. à thé	2 mL
Origan entier	½ c. à thé	2 mL
Cumin moulu	¼ c. à thé	1 mL
Moutarde en poudre	⅛ c. à thé	0,5 mL
Flocons d'avoine (pas instantanés)	1¼ tasse	275 mL

Chapelure, pour épaissir, au besoin

Pâte brisée de blé entier, page 106, pour une tarte à 2 croûtes de 22 cm (9 po)

Méli-mélo de «viande» : Combiner les 5 premiers ingrédients dans un poêlon. Couvrir et laisser mijoter environ 45 minutes, en remuant souvent, jusqu'à ce que les légumes soient cuits. Remuer plus souvent en fin de cuisson car le mélange a tendance à coller.

Ajouter les 10 prochains ingrédients, dans l'ordre. Bien remuer. Retirer du feu. Laisser refroidir.

Si le mélange est très liquide, y ajouter 60 mL (¼ tasse) de chapelure. Remuer. Laisser reposer 10 minutes pour que la chapelure absorbe l'humidité. En rajouter au besoin. Donne 1 L (4 tasses).

Abaisser la pâte de l'une des deux croûtes sur une surface légèrement farinée. La déposer dans un moule à tarte. Remplir avec le mélange refroidi. Abaisser le reste de la pâte. Humecter le pourtour de la pâte placée dans le moule. Recouvrir avec la pâte abaissée. Pincer le bord pour le souder. Inciser le dessus. Cuire sur la grille inférieure du four, à 400 °F (205 °C) pendant 25 à 30 minutes, jusqu'à ce que la croûte soit dorée. Couper en 6 pointes épaisses.

1 pointe : 389 calories (1 626 kJ); 14 g de matières grasses; 13 g de protéines; 9 g de fibres alimentaires

(suite...)

CHAUSSONS MÉLI-MÉLO : Garnir des ronds de pâte de méli-mélo de «viande», page 96, pour faire des amuse-gueule. Humecter les bords. Replier la pâte sur la garniture. Pincer le bord. Inciser 2 ou 3 fois. Cuire tel qu'indiqué ci-dessus, jusqu'à ce que la pâte soit dorée.

GALETTES MÉLI-MÉLO : Ajouter de la chapelure au méli-mélo de «viande», page 96, pour obtenir un mélange qui tient ensemble. Façonner des galettes avec 60 mL (¼ tasse) du mélange à la fois. Dorer les galettes sur les deux côtés, à la poêle. Donne environ 16 galettes.

QUICHE LORNE

Elle n'est pas tout à fait Lorraine, mais avec le bacon sans viande, elle est aussi bonne.

Beurre ou margarine dure	1 c. à soupe	15 mL
Oignons verts, tranchés fin	6	6
Tranches de bacon fumé Veggie, hachées	6	6
Fromage râpé, mélange de gruyère et de cheddar mi-fort et fort	1½ tasse	375 mL
Pâte brisée de blé entier, page 106, pour une abaisse non cuite de 22 cm (9 po)	1	1
Gros œufs	3	3
Lait écrémé évaporé	13½ oz	385 mL
Sel	½ c. à thé	2 mL
Poivre	¼ c. à thé	1 mL
Muscade moulue	⅛ c. à thé	0,5 mL

Faire fondre le beurre dans une petite poêle à frire. Y faire revenir l'oignon jusqu'à ce qu'il soit tendre. Laisser refroidir.

Répandre le bacon et le fromage dans l'abaisse de pâte. Répandre l'oignon sur le tout.

Battre les œufs dans un petit bol. Ajouter le lait, le sel, le poivre et la muscade. Battre pour combiner le tout. Verser le mélange dans l'abaisse. Cuire au four à 350 °F (175 °C) environ 45 minutes, jusqu'à ce qu'un couteau inséré au centre ressorte sec. Couper en 6 pointes pour servir comme plat de résistance (ou 10 pointes en entrée).

1 grosse pointe : 422 calories (1 760 kJ); 25,8 g de matières grasses; 24 g de protéines; 2 g de fibres alimentaires

ABAISSE DE FLOCONS D'AVOINE

Cette abaisse fait un délicieux fond pour une tarte réfrigérée. Elle est à essayer avec la tarte au caramel écossais, page 105.

Beurre ou margarine dure	1/3 tasse	75 mL
Flocons d'avoine broyés au mélangeur (mesurer après le broyage)	1 1/4 tasse	300 mL
Cassonade, tassée	1/4 tasse	60 mL
Cannelle moulue (au goût)	1/4 c. à thé	1 mL

Faire fondre le beurre dans une casserole.

Incorporer les autres ingrédients. Presser la préparation dans un moule à tarte de 22 cm (9 po). Cuire au four à 375 °F (190 °C) environ 10 minutes. Donne 1 abaisse.

1 abaisse : 1 202 calories (5 031 kJ); 71,3 g de matières grasses; 18 g de protéines; 10 g de fibres alimentaires

PIZZA AUX LÉGUMES

Elle est certainement différente de la pizza conventionnelle, avec son goût léger et un bon mélange de légumes.

CROÛTE

Préparation à pâte à biscuits	2 tasses	500 mL
Lait	1/2 tasse	125 mL

GARNITURE

Sauce tomate	7 1/2 oz	213 mL
Origan entier	1/2 c. à thé	2 mL
Basilic déshydraté	1/2 c. à thé	2 mL
Poudre d'ail	1/8 c. à thé	0,5 mL
Sucre granulé	1/2 c. à thé	2 mL
Oignon, haché fin	3/4 tasse	175 mL
Bouquets de brocoli	2 tasses	500 mL
Champignons frais, tranchés	1 tasse	250 mL
Eau bouillante		
Mozzarella, râpé	1 tasse	250 mL
Maïs miniature, en conserve, égoutté, coupé en deux	8	8
Mozzarella, râpé	2 tasses	500 mL

(suite...)

Croûte : Combiner la préparation à pâte à biscuits avec le lait pour former une boule. Pétrir la pâte 6 à 8 fois sur une surface légèrement farinée. L'étaler sur une plaque à pizza graissée de 30 cm (12 po).

Garniture : Combiner les 5 premiers ingrédients. Étaler sur la croûte.

Cuire l'oignon, le brocoli et les champignons dans l'eau bouillante jusqu'à ce qu'ils soient tendres, mais encore croquants. Égoutter.

Répandre la première quantité de mozzarella sur la croûte. Dresser les légumes cuits par-dessus, puis le maïs. Étaler le reste du fromage sur le tout. Cuire sur la grille inférieure du four, à 425 °F (220 °C) pendant 12 à 15 minutes. Couper en 8 pointes.

1 pointe : 339 calories (1 419 kJ); 13,3 g de matières grasses; 17 g de protéines; 2 g de fibres alimentaires

Photo à la page 125.

TARTE AUX FRUITS ÉPAISSE

Une tarte facile à faire, avec des ingrédients qui se trouvent à portée de main. On peut la servir chaude avec de la crème glacée ou froide avec de la crème fouettée.

Pêches, poires ou autre fruit, en conserve, égouttés, jus réservé, coupés en cubes	2 × 14 oz	2 × 398 mL
Sucre granulé	⅔ tasse	150 mL
Farine tout usage	3 c. à soupe	50 mL
Jus de citron, frais ou en bouteille	1 c. à thé	5 mL
Jus réservé des fruits	½ tasse	125 mL
Pâte brisée de blé entier, page 106, pour une abaisse de 22 cm (9 po)		
Sucre granulé	½ c. à thé	2 mL

Étaler les fruits dans une cocotte non graissée de 1,5 L (1½ pte).

Combiner la première quantité de sucre et la farine dans une casserole. Ajouter peu à peu le jus de citron et le jus des fruits, en remuant jusqu'à ce qu'il ne reste plus de grumeaux. Chauffer en remuant jusqu'à ce que la préparation bouille et épaississe. Laisser refroidir. Verser sur les fruits.

Abaisser la pâte sur une surface légèrement farinée. La couper de telle sorte qu'elle dépasse de 2,5 cm (1 po) la surface nécessaire pour couvrir les fruits. Étaler la pâte sur les fruits. En presser légèrement le bord contre les parois de la cocotte. Inciser le dessus.

Saupoudrer la dernière quantité de sucre sur le dessus. Cuire au four, à découvert, à 400 °F (205 °C) environ 30 minutes, jusqu'à ce que la croûte soit dorée. Pour 6 personnes.

1 portion : 340 calories (1 421 kJ); 12,3 g de matières grasses; 3 g de protéines; 3 g de fibres alimentaires

PIZZA

Les légumes sont bien assaisonnés et le poivron rouge donne du goût à l'ensemble.

CROÛTE À PIZZA

Farine tout usage	1½ tasse	375 mL
Poudre à pâte	2 c. à thé	10 mL
Sachet de levure instantanée	1 x ¼ oz	1 x 8 g
Huile de cuisson	2 c. à soupe	30 mL
Eau chaude	⅔ tasse	150 mL

GARNITURE

Huile de cuisson	1 c. à soupe	15 mL
Oignon haché	1¼ tasse	300 mL
Gousse d'ail, émincée (ou 1 mL, ¼ c. à thé, de poudre d'ail)	1	1
Courgettes, non pelées, râpées	2 tasses	500 mL
Tomates moyennes, hachées	3	3
Ketchup	2 c. à soupe	30 mL
Basilic déshydraté	½ c. à thé	2 mL
Origan entier	½ c. à thé	2 mL
Sucre granulé	½ c. à thé	2 mL
Sel	½ c. à thé	2 mL
Poivre	⅛ c. à thé	0,5 mL

GARNITURE SUPÉRIEURE

Petits champignons frais, tranchés	6 à 10	6 à 10
Poivrons rouges ou verts, en lanières	½ tasse	125 mL
Tomate moyenne, coupée en dés	1	1
Tranches de pepperoni Veggie, en quatre	5 à 7	5 à 7
Mozzarella, râpé	2 tasses	500 mL

Croûte à pizza : Combiner les 3 premiers ingrédients dans un bol.

Ajouter l'huile et l'eau tiède. Mélanger. Pétrir 25 à 30 fois sur une surface légèrement farinée, jusqu'à ce que la pâte soit lisse et élastique. Vaporiser une plaque à pizza de 30 cm (12 po) avec un aérosol pour la cuisson. Abaisser et étirer la pâte pour qu'elle couvre la plaque.

Garniture : Chauffer l'huile dans une poêle à frire. Y faire revenir l'oignon et l'ail jusqu'à ce qu'ils soient tendres.

Ajouter les 8 prochains ingrédients. Faire revenir jusqu'à ce que la préparation épaississe. Laisser refroidir. Étaler sur la croûte.

(suite...)

Garniture supérieure : Étaler les champignons, les poivrons, les tomates et le pepperoni sur la pizza. Couvrir de fromage râpé. Cuire sur la grille inférieure du four, à 425 °F (220 °C) pendant 12 à 15 minutes. Couper en 8 pointes.

1 pointe : 278 calories (1 163 kJ); 10,8 g de matières grasses; 15 g de protéines; 3 g de fibres alimentaires

QUICHE DE COURGETTES

Cette quiche a une onctueuse base blanche où se nichent des brins de fromage.

Huile de cuisson	2 c. à soupe	30 mL
Courgettes, non pelées, tranchées fin	1 1/2 tasse	375 mL
Oignon haché	1/2 tasse	125 mL
Poudre d'ail (ou 1/2 gousse d'ail, émincée)	1/8 c. à thé	0,5 mL
Cheddar mi-fort ou fort, râpé	1 1/2 tasse	375 mL
Pâte brisée de blé entier, page 106, pour une abaisse de 22 cm (9 po)	1	1
Gros œufs	4	4
Lait	1 1/3 tasse	325 mL
Sel	1/2 c. à thé	2 mL
Poivre	1/4 c. à thé	1 mL

Chauffer l'huile dans une poêle à frire. Ajouter les courgettes, l'oignon et la poudre d'ail et les faire revenir jusqu'à ce qu'ils soient tendres. Retirer du feu. Laisser refroidir.

Répandre le fromage dans l'abaisse de pâte. Étaler le mélange de courgettes refroidi par-dessus.

Battre les œufs dans un bol moyen jusqu'à ce qu'ils soient lisses. Ajouter le lait, le sel et le poivre. Mélanger. Verser sur le mélange de légumes. Cuire sur la grille inférieure du four, à 350 °F (175 °C) environ 1 heure, jusqu'à ce que la garniture soit prise. Couper en 6 pointes pour servir comme plat de résistance (ou en 10 pointes comme entrée).

1 grosse pointe : 421 calories (1 762 kJ); 31,2 g de matières grasses; 16 g de protéines; 2 g de fibres alimentaires

PÂTÉS PANTINS AUX LÉGUMES

Cette confection particulièrement savoureuse se mange chaud ou froid, pour le dîner ou comme en-cas.

Huile de cuisson	1 c. à soupe	15 mL
Oignon haché	½ tasse	125 mL
Carottes, coupées en dés	½ tasse	125 mL
Pommes de terre, coupées en dés	½ tasse	125 mL
Rutabaga, coupé en dés	½ tasse	125 mL
Eau	2 c. à soupe	30 mL
Petits pois, frais ou surgelés	⅓ tasse	75 mL
Sel	½ c. à thé	2 mL
Poivre	⅛ c. à thé	0,5 mL
Origan entier	⅛ c. à thé	0,5 mL
Thym moulu	⅛ c. à thé	0,5 mL
Cheddar mi-fort ou fort, râpé	1½ tasse	375 mL

**Pâte brisée de blé entier, page 106,
   pour 3 abaisses de 22 cm (9 po)**

Chauffer l'huile dans une poêle à frire. Y ajouter l'oignon, les carottes, les pommes de terre, le rutabaga et l'eau. Couvrir. Laisser mijoter jusqu'à ce que les légumes soient presque cuits. Retirer du feu.

Ajouter les petits pois et les assaisonnements. Remuer.

Incorporer le fromage râpé. Retirer du feu. Laisser refroidir.

Abaisser la pâte sur une surface légèrement farinée. Couper des ronds gros comme une soucoupe. Répartir le mélange de légumes au centre des ronds de pâte, à raison d'environ 30 mL (2 c. à soupe) à la fois. Humecter la moitié du rebord de chaque rond. Replier la pâte sur la garniture. Pincer le bord pour le souder. Inciser le dessus de chaque pâté pantin. Les disposer sur des plaques à pâtisserie non graissées. Cuire au four à 375 °F (190 °C) pendant 25 à 30 minutes, jusqu'à ce qu'ils soient légèrement dorés. Donne 12 pâtés pantins.

1 pâté pantin : 345 calories (1 442 kJ); 24,6 g de matières grasses; 8 g de protéines; 3 g de fibres alimentaires

PÂTÉS PANTINS À LA SAUCISSE MAISON : Hacher 2 saucisses au tofu, page 74, ou saucisses aux haricots blancs, page 76, et les ajouter aux légumes.

PÂTÉS PANTINS À LA SAUCISSE : Hacher 2 saucisses au tofu et les ajouter aux légumes.

Une garniture jaune vif recouvre un centre rouge foncé.

Huile de cuisson	1 c. à soupe	15 mL
Oignon haché	1 tasse	250 mL
Poivron vert, haché	½ tasse	125 mL
Gousse d'ail, émincée (ou 1 mL, ¼ c. à thé, de poudre d'ail)	1	1
Tomates, en conserve, non égouttées, écrasées	14 oz	398 mL
Haricots romains, en conserve, égouttés, en purée	19 oz	540 mL
Boulghour	⅔ tasse	150 mL
Ketchup	2 c. à soupe	30 mL
Poudre chili	1 c. à soupe	15 mL
Sel	1 c. à thé	5 mL
Poivre	¼ c. à thé	1 mL
CROÛTE		
Semoule de maïs	1 tasse	250 mL
Poudre à pâte	1 c. à thé	5 mL
Sel	½ c. à thé	2 mL
Gros œuf, battu à la fourchette	1	1
Lait	¾ tasse	175 mL
Huile de cuisson	2 c. à soupe	30 mL

Chauffer l'huile dans une poêle à frire. Ajouter les 3 prochains ingrédients et les faire revenir jusqu'à ce qu'ils soient tendres.

Ajouter les 7 prochains ingrédients. Chauffer en remuant jusqu'à ce que la préparation bouille. Couvrir et laisser bouillir doucement environ 15 minutes. Remuer souvent pour éviter que la préparation ne brûle. Elle est très épaisse. Verser dans un moule non graissé de 20 × 20 cm (8 × 8 po). Mettre de côté.

Croûte : Combiner la semoule, la poudre à pâte et le sel dans un bol. Ajouter l'œuf, le lait et l'huile. Remuer. Verser le tout dans le plat. Cuire au four, à découvert, à 350 °F (175 °C) environ 35 minutes, jusqu'à ce que la garniture soit prise. Pour 6 personnes.

1 portion : 336 calories (1 405 kJ); 10,2 g de matières grasses; 12 g de protéines; 13 g de fibres alimentaires

PÂTÉ AUX LÉGUMES

Chaque pointe contient un œuf dur et des légumes crémeux.

Carottes, tranchées	1 tasse	250 mL
Oignon, tranché	1 tasse	250 mL
Céleri, tranché	1/2 tasse	125 mL
Pommes de terre, coupées en cubes	1 tasse	250 mL
Navets, coupés en cubes	1/2 tasse	125 mL
Eau bouillante		
Petits pois, surgelés	1 tasse	250 mL
SAUCE		
Beurre ou margarine dure	3 c. à soupe	50 mL
Farine tout usage	3 c. à soupe	50 mL
Préparation à bouillon de légumes instantané	2 c. à thé	10 mL
Sel	1/2 c. à thé	2 mL
Poivre	1/4 c. à thé	1 mL
Persil en flocons	1 c. à thé	5 mL
Lait	1 1/2 tasse	375 mL
Pâte brisée de blé entier, page 106, pour une tarte à 2 croûtes de 22 cm (9 po)		
Œufs durs	6	6

Cuire les 5 premiers légumes dans l'eau bouillante jusqu'à ce qu'ils soient tendres.

Ajouter les petits pois. Cuire 2 ou 3 minutes. Égoutter. Laisser refroidir.

Sauce : Faire fondre le beurre dans une casserole. Incorporer les 5 prochains ingrédients. Incorporer le lait en remuant jusqu'à ce que la préparation bouille et épaississe. Laisser refroidir. Mêler la sauce et les légumes.

Abaisser la pâte de l'une des croûtes et la poser dans un moule à tarte de 22 cm (9 po). Étaler les légumes dans l'abaisse.

Enfoncer les œufs dans la garniture, en les espaçant également tout le tour et à environ 2,5 cm (1 po) du bord. Abaisser le reste de la pâte. Humecter le bord de l'abaisse placée dans le moule. Recouvrir avec la pâte abaissée. Enlever la pâte qui dépasse et pincer le bord pour le souder. Inciser le dessus. Cuire sur la grille inférieure du four, à 400 °F (205 °C) environ 35 minutes, jusqu'à ce que le dessus soit doré. Tailler en 6 pointes, en laissant les œufs entiers.

1 portion : 593 calories (2 480 kJ); 37,2 g de matières grasses; 16 g de protéines; 6 g de fibres alimentaires

Photo à la page 143.

TARTE AU CARAMEL ÉCOSSAIS

Il n'y a pas plus onctueux ni plus riche.

Fromage cottage, passé à l'étamine ou au mélangeur	1 tasse	250 mL
Lait	2 tasses	425 mL
Pouding au caramel écossais instantané, format 4 portions	2	2
Abaisse de flocons d'avoine, page 98	1	1
Garniture à dessert surgelée, dégelée	2 tasses	500 mL

Combiner les 3 premiers ingrédients dans un bol. Battre jusqu'à ce que la préparation soit lisse.

Verser le tout dans l'abaisse. Réfrigérer jusqu'à ce que la garniture soit prise.

Étaler la garniture surgelée sur la tarte. Couper en 8 pointes.

1 pointe : 373 calories (1 559 kJ); 15,9 g de matières grasses; 11 g de protéines; 3 g de fibres alimentaires

TARTE À LA VANILLE : Remplacer la poudre à pouding au caramel instantané par autant de poudre à pouding à la vanille instantané.

TARTE AU CHOCOLAT : Remplacer la poudre à pouding au caramel instantané par autant de poudre à pouding au chocolat instantané.

PÂTE BRISÉE DE BLÉ ENTIER

La farine de blé entier a également sa place dans la pâte brisée.

Farine tout usage	**1¼ tasse**	**300 mL**
Farine de blé entier (voir remarque)	**1¼ tasse**	**300 mL**
Cassonade, tassée	**1 c. à soupe**	**15 mL**
Sel	**1 c. à thé**	**5 mL**
Poudre à pâte	**½ c. à thé**	**2 mL**
Shortening végétal	**1 tasse**	**250 mL**
Eau	**½ tasse**	**125 mL**

Mettre les 5 premiers ingrédients dans un bol. Remuer. Incorporer le shortening au couteau jusqu'à obtenir un mélange grossier.

Asperger d'eau. Remuer jusqu'à obtenir une boule. Donne assez de pâte pour 3 abaisses ou garnitures de casserole.

1 abaisse : 1 036 calories (4 338 kJ); 73,7 g de matières grasses; 13 g de protéines; 8 g de fibres alimentaires

Remarque : On peut remplacer la farine de blé entier par de la farine tout usage.

1. Risotto simple page 138
2. Galettes de pois chiches page 77
3. Salade de haricots de nuit page 114
4. Galettes au fromage page 93
5. Hambourgeois à l'avoine page 91
6. Galettes de légumineuses page 78

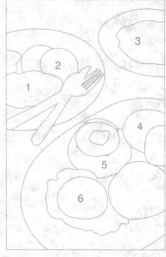

Assiettes fournies par :
La Baie

Plateau fourni par :
Enchanted Kitchen

Couverts fournis par :
IKEA

TARTE AUX PACANES

C'est un gâteau au fromage et une tarte tout en un. Le gâteau au fromage est d'abord en-dessous, mais il remonte et finit sur le dessus. Un régal.

Fromage à la crème, ramolli	8 oz	250 g
Sucre granulé	⅓ tasse	75 mL
Gros œuf	1	1
Vanille	1 c. à thé	5 mL
Sel	¼ c. à thé	1 mL
Pâte brisée de blé entier, page 106, pour une abaisse de 22 cm (9 po)	1	1
Gros œufs	2	2
Sucre granulé	¼ tasse	60 mL
Sirop de maïs	⅔ tasse	150 mL
Vanille	1 c. à thé	5 mL
Pacanes, en moitiés ou hachées	1 tasse	250 mL

Bien battre ensemble les 5 premiers ingrédients dans un bol.

Verser le tout dans l'abaisse.

Battre les œufs jusqu'à ce qu'ils moussent. Incorporer la seconde quantité de sucre, le sirop de maïs et la vanille en battant.

Répandre les pacanes sur le mélange de fromage à la crème. Verser le mélange de sirop par-dessus. Cuire au four à 375 °F (190 °C) environ 50 minutes. Couper en 8 pointes.

1 pointe : 517 calories (2 161 kJ); 32,4 g de matières grasses; 8 g de protéines; 2 g de fibres alimentaires

SALADE DE PÂTES

Le brocoli et le fromage râpé donnent du vert et du doré à cette salade.

Coudes	2 tasses	500 mL
Eau bouillante	3 pte	3 L
Huile de cuisson (facultative)	1 c. à soupe	15 mL
Sel	2 c. à thé	10 mL
Brocoli, coupé en bouchées	3 tasses	750 mL
Oignons verts, tranchés	3 c. à soupe	50 mL
Cheddar mi-fort ou fort, râpé	1 tasse	250 mL
Monterey Jack, râpé	1 tasse	250 mL
Champignons frais, tranchés	1 tasse	250 mL
Graines de sésame, grillées	3 c. à soupe	50 mL
SAUCE À SALADE		
Vinaigre de vin rouge	¼ tasse	60 mL
Moutarde préparée	4 c. à thé	20 mL
Miel liquide	4 c. à thé	20 mL
Sauce soja	1 c. à thé	5 mL

Cuire les pâtes dans l'eau bouillante additionnée de l'huile et du sel, dans une grande casserole découverte, jusqu'à ce qu'elles soient tendres, mais encore fermes, soit 6 à 8 minutes. Égoutter, rincer à l'eau froide, égoutter de nouveau et verser dans un grand bol.

Ajouter les 6 prochains ingrédients. Remuer légèrement.

Sauce à salade : Combiner tous les ingrédients dans un petit bol. Verser le tout sur la salade. Remuer. Donne 2 L (8 tasses).

250 mL (1 tasse) : 255 calories (1 068 kJ); 11,0 g de matières grasses; 12 g de protéines; 2 g de fibres alimentaires

SALADE DE PÂTES ET DE LÉGUMES

Les radiatore ont une forme particulière et existent en plusieurs couleurs. Cette salade est savoureuse, consistante et légère de goût.

Radiatore (ou 227g, ½ lb, d'autres pâtes)	3 tasses	750 mL
Eau bouillante	3 pte	3 L
Huile de cuisson (facultative)	1 c. à soupe	15 mL
Sel	2 c. à thé	10 mL
Chou-fleur, coupé en petits morceaux	2 tasses	500 mL
Brocoli, coupé en petits morceaux	2 tasses	500 mL
Carottes, râpées	1 tasse	250 mL
Poivron rouge, haché	1	1
Poivron jaune, haché	1	1
Eau bouillante, pour couvrir		
Sel	1 c. à thé	5 mL
Oignons verts, hachés	¼ tasse	60 mL
Amandes effilées, grillées	¼ tasse	60 mL
SAUCE À SALADE		
Vinaigre de vin rouge	⅓ tasse	75 mL
Sucre granulé	2 c. à soupe	30 mL
Aneth	½ c. à thé	2 mL
Poudre d'ail	¼ c. à thé	1 mL
Huile de cuisson	2 c. à soupe	30 mL

Cuire les pâtes dans la première quantité d'eau bouillante additionnée de l'huile et du sel, dans une grande casserole découverte, jusqu'à ce qu'elles soient tendres, mais encore fermes, soit 9 à 11 minutes. Égoutter, rincer à l'eau froide, égoutter de nouveau et verser dans un grand bol.

Cuire les légumes dans la seconde quantité d'eau bouillante additionnée du sel environ 3 minutes, jusqu'à ce qu'ils aient légèrement molli, mais soient encore croquants. Égoutter, rincer à l'eau froide, égoutter de nouveau et ajouter aux pâtes.

Ajouter les oignons verts et les amandes.

Sauce à salade : Combiner tous les ingrédients dans un petit bol. Remuer jusqu'à ce que le sucre soit dissous.

Verser l'huile sur le mélange de pâtes. Remuer. Verser la sauce à salade sur les pâtes. Remuer. Donne environ 2,5 L (10 tasses).

250 mL (1 tasse) : 156 calories (652 kJ); 4,8 g de matières grasses; 5 g de protéines; 2 g de fibres alimentaires

Photo à la page 89.

SALADE DE PÂTES, LÉGUMES ET FROMAGE : Pour donner à cette salade la consistance d'un repas, y incorporer 250 mL (1 tasse) de cheddar doux ou moyen en cubes. Il suffit ensuite de servir avec un petit pain et le tour est joué.

TABOULÉ

Le taboulé provient du Moyen-Orient. On peut y mettre plus ou moins de menthe, au goût, ou on peut l'omettre complètement.

Boulghour, moulu fin	1 tasse	250 mL
Eau bouillante	1 tasse	250 mL
Tomates moyennes, coupées en dés	3	3
Oignons verts, hachés	3	3
Persil frais, haché fin, sans les tiges	1½ c. à thé	7 mL
Menthe fraîche, hachée (ou 10 mL, 2 c. à thé, déshydratée)	1 à 2 c. à soupe	15 à 30 mL
Sel	1 c. à thé	5 mL
Poivre	¼ c. à thé	1 mL
Piment de la Jamaïque moulu	⅛ c. à thé	0,5 mL
Huile d'olive (ou huile de cuisson)	¼ tasse	60 mL
Jus de citron, frais ou en bouteille	2 c. à soupe	30 mL

Détremper le boulghour dans l'eau bouillante pendant 15 minutes, dans un grand bol couvert.

Ajouter les autres ingrédients. Bien remuer. Donne 750 mL (3 tasses).

125 mL (½ tasse) : 186 calories (777 kJ); 10,2 g de matières grasses; 4 g de protéines; 5 g de fibres alimentaires

Photo sur la couverture.

SALADE À L'OIGNON ET AUX POMMES

L'oignon rouge donne de la couleur et un goût subtil à cette salade bien consistante.

Oignon rouge moyen, grossièrement haché	1	1
Eau, pour couvrir		
Sauce à salade (ou mayonnaise)	⅔ tasse	150 mL
Sauce à salade de chou commerciale	⅓ tasse	75 mL
Pommes à cuire moyennes, pelées et coupées en bouchées (McIntosh par exemple)	4	4
Paprika, une pincée		

(suite...)

Mettre l'oignon dans un bol moyen. Ajouter l'eau. Laisser reposer 30 minutes. Laisser égoutter dans une passoire pendant 5 minutes. Sécher avec des essuie-tout.

Combiner les deux sauces à salade dans un grand bol.

À mesure que les pommes sont pelées et coupées, les combiner avec la sauce pour éviter qu'elles brunissent. Ajouter l'oignon. Remuer. Verser dans un saladier.

Saupoudrer de paprika. Donne 1,35 L (6 tasses).

250 mL (1 tasse) : *261 calories (1 091 kJ); 20,5 g de matières grasses; 1 g de protéines; 2 g de fibres alimentaires*

SALADE DE BETTERAVES

Une salade inhabituelle et très savoureuse.

Gélatine parfumée au citron (en poudre)	1 × 3 oz	1 × 85 g
Eau bouillante	1 tasse	250 mL
Vinaigre blanc	3 c. à soupe	50 mL
Raifort commercial	2 c. à thé	10 mL
Sel	1 c. à thé	5 mL
Poudre d'oignon	¼ c. à thé	1 mL
Chou, râpé	1½ tasse	375 mL
Navets, cuits, coupés en dés, séchés avec un essuie-tout	1 tasse	250 mL
Poivron rouge ou vert, coupé en dés	¼ tasse	60 mL
Céleri, coupé en dés	¼ tasse	60 mL
Tranches de concombre, très fines, pour garnir		

Dissoudre la gélatine dans l'eau bouillante dans un bol.

Ajouter les 4 prochains ingrédients. Remuer. Réfrigérer, en remuant souvent et en raclant les parois du bol, jusqu'à ce que le mélange commence à épaissir.

Incorporer les légumes en pliant. Verser dans un moule de 750 mL (3 tasses). Réfrigérer.

Démouler sur une assiette. Décorer avec les tranches de concombre. Donne environ 750 mL (3 tasses).

125 mL (½ tasse) : *71 calories (295 kJ); trace de matières grasses; 2 g de protéines; 1 g de fibres alimentaires*

SALADE DE HARICOTS DE NUIT

Croquante, colorée et savoureuse, cette salade est toujours pratique. Elle se conserve des semaines au réfrigérateur.

Haricots jaunes, en conserve, égouttés	14 oz	398 mL
Haricots verts, en conserve, égouttés	14 oz	398 mL
Haricots rouges, en conserve, égouttés	14 oz	398 mL
Pois chiches, en conserve, égouttés	19 oz	540 mL
Gros oignon, tranché	1	1
Poivron rouge, tranché en lanières	1	1
SAUCE À SALADE		
Sucre granulé	1 tasse	250 mL
Vinaigre de vin rouge	¾ tasse	175 mL
Huile de cuisson	2 c. à soupe	30 mL
Sel	1 c. à thé	5 mL
Poivre	½ c. à thé	2 mL

Combiner les 6 premiers ingrédients dans un bol.

Sauce à salade : Bien combiner tous les ingrédients dans un bol. Verser la sauce sur le mélange de haricots. Remuer légèrement. Couvrir. Réfrigérer jusqu'au lendemain. Remuer de temps en temps au cours de la soirée et le lendemain matin. Donne 2 L (9 tasses).

250 mL (1 tasse) : 244 calories (1 023 kJ); 4,4 g de matières grasses; 7 g de protéines; 6 g de fibres alimentaires

Photo à la page 107.

SALADE AUX ÉPINARDS

Les épinards et les champignons sont rehaussés par une vinaigrette à la fois aigre et sucrée.

Feuilles d'épinards, déchirées en bouchées, légèrement tassées	5 tasses	1,25 L
Champignons frais, tranchés	1 tasse	250 mL
SAUCE À SALADE		
Vinaigre blanc	2 c. à soupe	30 mL
Sucre granulé	1 c. à soupe	15 mL
Moutarde préparée	¼ c. à thé	1 mL
Poudre d'ail	¹⁄₁₆ c. à thé	0,5 mL
Huile de cuisson	2 c. à thé	10 mL

(suite...)

Mettre les épinards et les champignons dans un grand bol.

Sauce à salade : Combiner les 4 premiers ingrédients dans un petit bol. Remuer jusqu'à ce que le sucre soit dissous.

Verser l'huile sur les épinards, dans le bol. Remuer. Verser la sauce à salade sur le tout. Remuer. Pour 4 personnes.

1 portion : 45 calories (188 kJ); 2,5 g de matières grasses; 1 g de protéines; 1 g de fibres alimentaires

SALADE AUX ÉPINARDS ET AU BACON : Ajouter 3 tranches de bacon fumé Veggie cuites, émincées ou hachées, à la salade.

SALADE DE HARICOTS VERTS

Les légumes et les fruits sont arrosés d'une vinaigrette aigre-douce.

SAUCE AU MIEL ET À LA MOUTARDE

Vinaigre blanc	¼ tasse	60 mL
Moutarde préparée	2 c. à thé	10 mL
Miel liquide	¼ tasse	60 mL
Fécule de maïs	2 c. à thé	10 mL

SALADE

Champignons frais, tranchés	1½ tasse	375 mL
Haricots verts à la française, en conserve, égouttés, séchés avec un essuie-tout	14 oz	398 mL
Oignons verts, tranchés	4	4
Tomates cerises, en moitiés	6 à 10	6 à 10
Oranges, pelées et séparées en quartiers (préférablement Navel)	1 ou 2	1 ou 2

Sauce au miel et à la moutarde : Combiner les 4 ingrédients dans une casserole. Chauffer en remuant jusqu'à ce que la préparation bouille et épaississe. Laisser refroidir. Donne tout juste 125 mL (½ tasse).

Salade : Combiner les 3 premiers ingrédients dans un bol moyen. Ajouter assez de sauce pour enrober les légumes, soit environ 30 mL (2 c. à soupe). Remuer. Empiler la salade au milieu d'un plat.

Entasser les tomates cerises d'un côté de la salade et les quartiers d'orange de l'autre. Arroser le tout de sauce. Pour 8 personnes, comme accompagnement.

1 portion : 63 calories (264 kJ); trace de matières grasses; 1 g de protéines; 2 g de fibres alimentaires

Photo à la page 125.

SALADE DE CROUSTILLES DE MAÏS

Une salade croustillante, au bon goût de maïs. La poudre chili lui ajoute un petit quelque chose, de même que la sauce.

Petite tête de laitue, coupée ou déchirée	1	1
Cheddar mi-fort ou fort, râpé	2 tasses	500 mL
Tomates moyennes, coupées en dés et égouttées sur un essuie-tout	2	2
Oignons verts, tranchés	3 ou 4	3 ou 4
Haricots style ranch (ou haricots rouges), en conserve, égouttés et rincés	½ × 14 oz	½ × 398 mL
Poudre chili	1 c. à thé	5 mL
SAUCE DES ÎLES		
Huile de cuisson	1 c. à soupe	15 mL
Farine tout usage	1 c. à soupe	15 mL
Eau	3 c. à soupe	50 mL
Vinaigre blanc	2 c. à soupe	30 mL
Sucre granulé	¼ tasse	60 mL
Ketchup	2 c. à thé	10 mL
Poudre d'oignon	⅛ c. à thé	0,5 mL
Sel	⅛ c. à thé	0,5 mL
Croustilles de maïs	3 tasses	750 mL

Combiner les 6 premiers ingrédients dans un grand bol. Remuer.

Sauce des îles : Combiner l'huile et la farine dans une petite casserole.

Incorporer les autres ingrédients. Chauffer en remuant jusqu'à ce que la sauce bouille et épaississe. Laisser refroidir complètement avant de servir. Donne 125 mL (½ tasse). Ajouter à la salade. Remuer. Réfrigérer 30 minutes.

Ajouter les croustilles de maïs au moment de servir. Remuer. Donne 2,5 L (10 tasses).

250 mL (1 tasse) : 267 calories (1 119 kJ); 15,3 g de matières grasses; 9 g de protéines; 3 g de fibres alimentaires

Photo à la page 71.

SALADE DE CHOU

Colorée et croquante, cette salade variée fait facilement envie. C'est la salade de chou traditionnelle, avec un peu plus.

Chou, râpé fin, tassé	4 tasses	1 L
Carottes, râpées	½ tasse	125 mL
Oignons verts, hachés fin	¼ tasse	60 mL
Graines de tournesol, écalées	⅓ tasse	75 mL
Germes de soja	½ tasse	125 mL
Raisins secs	¼ tasse	60 mL
SAUCE À SALADE		
Sauce à salade (ou mayonnaise)	½ tasse	125 mL
Yogourt nature	½ tasse	125 mL
Vinaigre blanc	2 c. à soupe	30 mL
Sucre granulé	2 c. à thé	10 mL

Combiner les 6 premiers ingrédients dans un grand bol.

Sauce à salade : Combiner tous les ingrédients ensemble. Ajouter aux légumes. Remuer. Donne 1,1 L (4 ½ tasses).

125 mL (½ tasse) : 137 calories (575 kJ); 9,5 g de matières grasses; 2 g de protéines; 1 g de fibres alimentaires

SANDWICH DE HARICOTS

Tant de protéines à un coût si modique.

Haricots blancs ou pinto, en conserve, égouttés	14 oz	398 mL
Relish de cornichons sucrés	2 c. à soupe	30 mL
Sauce à salade (ou mayonnaise)	2 c. à soupe	30 mL
Sauce chili (ou ketchup)	1 c. à soupe	15 mL

Combiner tous les ingrédients dans un petit bol. Écraser, avec le fond d'un verre à eau par exemple. Donne 325 mL (1 ⅓ tasse) de garniture.

75 mL (⅓ tasse) : 142 calories (596 kJ); 4,1 g de matières grasses; 6 g de protéines; 3 g de fibres alimentaires

Ce plat provient de la région méridionale de l'est de l'Inde. Délicieux et plein de légumes, l'a-VI-alle peut se manger avec du riz.

Légumes, par exemple haricots verts, pommes de terre, carottes, chou-rave, plantain vert, coupés en cubes	4 tasses	1 L
Eau	2 tasses	500 mL
Sel	1 c. à thé	5 mL
Eau	2 c. à soupe	30 mL
Piments verts hachés, en conserve, égouttés (voir remarque)	4 oz	114 mL
Coriandre frais, haché, tassé	1 c. à soupe	15 mL
Purée de gingembre	1 c. à thé	5 mL
Noix de coco en poudre ou râpée très fin (voir remarque)	½ tasse	125 mL
Graines de cumin	1 c. à thé	5 mL
Curcuma	¼ c. à thé	1 mL
Poivre de Cayenne (piment de l'Inde)	⅛ à ¼ c. à thé	0,5 à 1 mL
Yogourt nature	⅓ tasse	75 mL
Pain indien (roti ou chapati, par exemple) ou riz cuit à la vapeur		

Cuire les légumes dans l'eau et le sel, dans une casserole, environ 10 minutes, jusqu'à ce qu'ils soient tendres. Égoutter.

Broyer les 8 prochains ingrédients dans le mélangeur pour obtenir une pâte. Ajouter celle-ci aux légumes. Laisser refroidir.

Incorporer le yogourt.

Servir avec du pain roti ou chapati ou avec du riz. Donne 625 mL (2½ tasses).

125 mL (½ tasse) : 160 calories (671 kJ); 6,8 g de matières grasses; 4 g de protéines; 3 g de fibres alimentaires

Remarque : On peut supprimer les piments verts hachés et le poivre de Cayenne et les remplacer par 2 poivrons verts épicés hachés. La noix de coco en poudre donne un goût plus fin que la noix de coco râpée.

Le basilic assaisonne ces hambourgeois qui sont légèrement élastiques sous la dent.

Eau bouillante	¼ tasse	60 mL
Boulghour	¼ tasse	60 mL
Lentilles roses	3 c. à soupe	50 mL
Eau bouillante, pour couvrir		
Haricots blancs, cuits, séchés (mesurés après la cuisson), voir remarque	1¾ tasse	425 mL
Beurre ou margarine dure	1½ c. à soupe	25 mL
Oignon haché	1¼ tasse	300 mL
Basilic déshydraté	1 c. à thé	5 mL
Sel	¾ c. à thé	4 mL
Poivre	⅛ c. à thé	0,5 mL
Poudre d'ail	¼ c. à thé	1 mL
Agent de brunissement	1 c. à thé	5 mL
Pains à hamburger, tranchés et beurrés	8	8

Verser la première quantité d'eau bouillante sur le boulghour, dans un petit bol. Couvrir. Laisser reposer 15 minutes.

Cuire les lentilles dans la seconde quantité d'eau bouillante jusqu'à ce qu'elles soient tendres. Égoutter.

Ajouter les haricots aux lentilles. Écraser le tout avec le fond d'un verre à eau.

Faire fondre le beurre dans une poêle à frire. Y ajouter l'oignon et le faire revenir jusqu'à ce qu'il soit tendre. Verser dans un autre bol.

Ajouter les autres ingrédients. Mélanger. Ajouter le boulghour et le mélange de haricots. Bien mélanger. Façonner des galettes avec 60 mL (¼ tasse) du mélange à la fois. Les faire dorer des deux côtés dans une poêle à frire graissée.

Introduire les galettes dans les pains. Servir comme hambourgeois, avec les garnitures de rigueur. Donne 8 hambourgeois.

1 hambourgeois : 260 calories (1 087 kJ); 5,4 g de matières grasses; 10 g de protéines; 4 g de fibres alimentaires

Remarque : On peut remplacer les haricots blancs cuits par des haricots blancs en conserve, à raison d'une boîte de 398 mL (14 oz).

HAMBOURGEOIS AUX CHAMPIGNONS

La texture, le goût et l'apparence sont irréprochables. Ils sont délicieux avec ou sans fromage.

Gros œufs	2	2
Oignon, haché fin	½ tasse	125 mL
Champignons frais, hachés	2 tasses	500 mL
Chapelure fine	½ tasse	125 mL
Farine tout usage	¼ tasse	60 mL
Sel	1 c. à thé	5 mL
Poivre	¼ c. à thé	1 mL
Thym moulu	¼ c. à thé	1 mL
Cheddar mi-fort ou fort, râpé (au goût)	½ tasse	125 mL
Pains à hamburger, tranchés et beurrés	8	8

Battre les œufs au fouet dans un bol. Incorporer l'oignon et les champignons.

Ajouter les 6 prochains ingrédients. Bien mélanger. Façonner des galettes avec 60 mL (¼ tasse) du mélange à la fois. Les faire dorer des deux côtés dans une poêle à frire graissée.

Introduire les galettes dans les pains. Servir avec les garnitures de rigueur. Donne 8 hambourgeois.

1 hambourgeois : 235 calories (983 kJ); 6,7 g de matières grasses; 9 g de protéines; 2 g de fibres alimentaires

SOUS-MARINS AU FOUR

Ces appétissants pains garnis font un dîner savoureux et rapide.

Pains à sous-marins (ou pains à hamburger)	4	4
Beurre ou margarine dure	1 c. à soupe	15 mL
Oignon haché	1¼ tasse	300 mL
Haricots en sauce tomate, en conserve	14 oz	398 mL
Ketchup	1 c. à soupe	15 mL
Sel, une pincée		
Poivre, une pincée		
Cheddar mi-fort ou fort, râpé	¾ tasse	175 mL

(suite...)

Trancher les pains en deux à l'horizontale.

Faire fondre le beurre dans une poêle à frire. Y faire revenir l'oignon jusqu'à ce qu'il soit tendre.

Ajouter les haricots, le ketchup, le sel et le poivre. Remuer. Étaler ce mélange sur la moitié inférieure des pains.

Garnir de fromage râpé. Refermer les pains. Emballer chaque pain dans du papier d'aluminium. Cuire au four à 350 °F (175 °C) pendant 15 minutes, jusqu'à ce que les sous-marins soient chauds. Donne largement 500 mL (2 tasses) de garniture, soit assez pour 4 sous-marins.

1 sous-marin : 513 calories (2 147 kJ); 16,6 g de matières grasses; 19 g de protéines; 9 g de fibres alimentaires

HAMBOURGEOIS AUX HARICOTS

Avec des oignons frits, ils sont imbattables.

Haricots en sauce tomate, en conserve	14 oz	398 mL
Cheddar fort, râpé	¾ tasse	175 mL
Chapelure	1½ tasse	375 mL
Gros œuf	1	1
Agent de brunissement	1 c. à thé	5 mL
Sauce soja	2 c. à thé	10 mL
Boulghour	¼ tasse	60 mL
Eau bouillante	¼ tasse	60 mL
Huile de cuisson	1 c. à soupe	15 mL
Pains à hamburger, tranchés et beurrés	8	8
Oignon, tranché et frit	1	1
Ketchup		
Relish		

Écraser les haricots dans un bol.

Incorporer les 5 prochains ingrédients. Laisser reposer 10 minutes.

Combiner l'eau bouillante et le boulghour dans un petit bol. Couvrir. Laisser reposer 15 minutes. Ajouter le boulghour au mélange de haricots. Façonner des galettes avec environ 60 mL (¼ tasse) du mélange à la fois.

Chauffer l'huile dans une poêle à frire. Y faire dorer les galettes.

Introduire les galettes dans les pains. Ajouter l'oignon, le ketchup et le relish. Donne 10 hambourgeois.

1 hambourgeois : 292 calories (1 222 kJ); 8,2 g de matières grasses; 11 g de protéines; 4 g de fibres alimentaires

CLUB SANDWICH

Il est possible de préparer des sandwiches hors-d'œuvre avec des club sandwiches. On peut aussi les servir comme repas.

Tranches de pain de blé entier, beurrées	3	3
Garniture aux œufs, page 129	⅓ tasse	75 mL
Tranches de «viande» Veggie	3	3
Feuilles de laitue	3	3
Tranches de pain blanc, beurrées	3	3
Tranches de «viande» Veggie ou autres	3	3
Tranches de tomate	6	6
Tranches de concombre, très fines	12	12
Sel, une pincée		
Poivre, une pincée		
Tranches de pain de blé entier, beurrées	3	3

Poser les 3 tranches de pain de blé entier sur un plan de travail. Garnir chaque tranche de garniture aux œufs, d'une tranche de «viande» Veggie et d'une feuille de laitue.

Beurrer l'autre côté des tranches de pain blanc. Les poser sur la laitue. Garnir d'une tranche de la même «viande» ou d'une autre. Ajouter ensuite des tranches de tomate et de concombre. Saler et poivrer.

Fermer les sandwiches avec une deuxième tranche de pain de blé entier, côté beurré vers le bas. Enlever les croûtes. Couper chaque sandwich en 3 doigts. Donne 9 jolis sandwiches.

__1 sandwich :__ 108 calories (444 kJ); 2,4 g de matières grasses; 7 g de protéines; 2 g de fibres alimentaires

Tout y est—les légumes et des morceaux de «viande» enroulés dans des tortillas. L'ensemble est à la fois aigre et doux.

Huile de cuisson	1 c. à soupe	15 mL
Oignon, tranché fin	1½ tasse	375 mL
Gros poivron vert, tranché fin en longues juliennes	1	1
Pommes de terre moyennes, coupées comme pour des frites	2	2
Eau bouillante, pour couvrir		
Tortillas à la farine, format 20 cm (8 po)	6	6
Piments verts, coupés en dés, en conserve, égouttés	4 oz	114 mL
Vinaigre blanc	2 c. à soupe	30 mL
Miel liquide	2 c. à thé	10 mL
Poudre d'ail	½ c. à thé	2 mL
Coriandre moulue	¼ c. à thé	1 mL
Cumin moulu	¼ c. à thé	1 mL
Sel	¼ c. à thé	1 mL
Poivre	⅛ c. à thé	0,5 mL
Saucisses au tofu, coupées en gros bâtonnets	6	6
Crème sure, guacamole, salsa et fromage râpé au choix		

Chauffer l'huile dans une poêle à frire. Y faire revenir l'oignon et le poivron vert jusqu'à ce qu'ils soient tendres. Retirer du feu.

Cuire les pommes de terre dans l'eau jusqu'à ce qu'elles soient tout juste tendres sous la pointe d'un couteau à éplucher. Égoutter et ajouter au premier mélange.

Envelopper les tortillas dans du papier d'aluminium. Chauffer au four à 350 °F (175 °C) pendant 8 à 10 minutes.

Ajouter les 8 prochains ingrédients au premier mélange. Réchauffer doucement le tout, en remuant une ou deux fois pendant la cuisson.

Ajouter les saucisses. Réchauffer le tout. Verser dans un plat réchauffé. Dégager les tortillas du papier d'aluminium.

Inviter chaque personne à apprêter les fajitas à leur goût, en fournissant les condiments de rigueur. Donne 6 fajitas.

1 fajita : 261 calories (1 094 kJ); 3,2 g de matières grasses; 17 g de protéines; 2 g de fibres alimentaires

HAMBOURGEOIS SANS VIANDE

À servir avec des petits pains. On pourrait presque penser qu'il s'agit d'un hambourgeois au poulet.

Fromage cottage en crème	¾ tasse	175 mL
Flocons d'avoine (pas instantanés)	⅔ tasse	150 mL
Chapelure de pain ou de craquelins	⅓ tasse	75 mL
Sel à l'ail	¼ c. à thé	1 mL
Poudre d'oignon	¼ c. à thé	1 mL
Noix de Grenoble, moulues (ou autres noix)	½ tasse	125 mL
Gros œuf	1	1
Lait évaporé (ou crème légère)	⅓ tasse	75 mL
Sauce soja	¼ c. à thé	1 mL
Huile de cuisson	1 c. à soupe	15 mL

Mettre les 6 premiers ingrédients dans un bol. Bien mélanger.

Battre l'œuf dans un petit bol. Ajouter le lait et la sauce soja. Battre pour combiner. Ajouter ce mélange au premier. Remuer. Laisser reposer au moins 10 minutes. Façonner des galettes avec 60 mL (¼ tasse) du mélange à la fois.

Chauffer l'huile dans une poêle à frire. Y faire dorer les galettes. Donne 6 galettes.

1 galette : 185 calories (774 kJ); 10,4 g de matières grasses; 9 g de protéines; 1 g de fibres alimentaires

1. Falafels page 127
2. Sauce tahini page 130
3. Salade de haricots verts page 115
4. Pizza aux légumes page 98

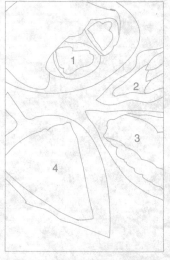

Assiettes de service fournies par :
La Baie

Panier fourni par :
Chintz & Company

Pinces et linge de table fournis par :
La Cache

Façonner des galettes ou des boulettes de fé-LA-fêl moyennes pour garnir un pain pita ou des boules plus petites pour un amuse-gueule.

Pois chiches, en conserve, égouttés	19 oz	540 mL
Oignon haché	¾ tasse	175 mL
Cumin moulu	¾ c. à thé	4 mL
Poudre d'ail	½ c. à thé	2 mL
Persil en flocons	½ c. à thé	2 mL
Poudre à pâte	½ c. à thé	2 mL
Sel	¾ c. à thé	4 mL
Poivre	¼ c. à thé	1 mL
Coriandre moulue	½ c. à thé	2 mL
Curcuma	⅛ c. à thé	0,5 mL
Chapelure fine	1 tasse	250 mL
Gros œufs	2	2
Huile de friture		
Pains pitas	11	11
Sauce tahini, page 130		

Passer les pois chiches et l'oignon au hachoir ou au robot culinaire.

Ajouter les 10 prochains ingrédients. Bien mélanger. Façonner des boulettes de 2,5 cm (1 po) de diamètre. Laisser les boules telles quelles ou les aplatir pour faire des galettes.

Avec une écumoire, déposer les boulettes ou les galettes dans l'huile de cuisson chauffée à 375 °F (190 °C). Cuire 45 secondes ou jusqu'à ce que les falafels soient dorés. Les retirer de l'huile avec l'écumoire et les déposer dans un plat garni d'un essuie-tout.

Introduire 4 boulettes ou galettes de falafel dans chaque pita. Garnir de sauce tahini. Donne 44 falafels, soit assez pour garnir 11 pitas.

1 pita et 4 falafels : 342 calories (1 432 kJ); 10,1 g de matières grasses; 11 g de protéines; 2 g de fibres alimentaires

Photo à la page 125.

FALAFELS AMUSE-GUEULE : Façonner des boulettes de 2 cm (¾ po). Servir chaudes, avec des cure-dents et la sauce tahini comme trempette. Donne environ 65 falafels.

FALAFELS DE RÉSISTANCE : Façonner des boulettes de 4 cm (1½ po) pour un plat de résistance. Servir avec la sauce tahini. Donne environ 22 falafels.

BURRITOS

Les burritos sont délicieux directement, mais ils le sont encore plus garnis de la salsa et de la crème sure.

Huile de cuisson	2 c. à thé	10 mL
Oignon haché	1 1/4 tasse	300 mL
Gousses d'ail, émincées (ou 2 mL, 1/2 c. à thé, de poudre d'ail)	2	2
Pommes de terre moyennes, coupées en quatre	2	2
Eau bouillante, pour couvrir		
Haricots rouges (ou pinto), en conserve, égouttés	14 oz	398 mL
Origan entier	1/2 c. à thé	2 mL
Cumin moulu	1/2 c. à thé	2 mL
Sel	1/2 c. à thé	2 mL
Poivre	1/8 c. à thé	0,5 mL
Tortillas à la farine, format 20 cm (8 po)	6	6
Salsa (douce, moyenne ou épicée)		
Crème sure		

Chauffer l'huile dans une poêle à frire. Y faire revenir l'oignon et l'ail jusqu'à ce qu'ils soient tendres et dorés. Retirer du feu.

Cuire les pommes de terre dans l'eau bouillante jusqu'à ce qu'elles soient tendres, mais encore fermes sous la pointe d'un couteau à éplucher. Laisser refroidir jusqu'à pouvoir les manipuler. Les ajouter à l'oignon.

Verser les haricots dans un plat peu profond ou un bol. Ajouter les 4 prochains ingrédients. Bien écraser le tout avec le fond d'un verre à eau. Ajouter les haricots au premier mélange. Réchauffer le tout en remuant souvent.

Envelopper les tortillas dans du papier d'aluminium. Chauffer au four à 350 °F (175 °C) pendant 8 à 10 minutes. Répartir le mélange de haricots au centre des tortillas. Replier 1 bord sur la garniture, puis les bouts, puis enrouler le tout. La garniture doit se trouver complètement emprisonnée dans la tortilla. Si on ne sert pas sur-le-champ, envelopper les burritos dans du papier d'aluminium et les conserver au chaud dans le four, à 200 °F (95 °C).

Servir avec de la salsa et de la crème sure. Donne 6 burritos.

1 burrito : 240 calories (1 005 kJ); 2,5 g de matières grasses; 9 g de protéines; 6 g de fibres alimentaires

GARNITURE AUX ŒUFS

Il est pratique de conserver au réfrigérateur cette garniture légèrement relevée.

Œufs durs, écrasés	2	2
Sauce à salade (ou mayonnaise)	1 c. à thé	5 mL
Lait	1 c. à soupe	15 mL
Sel, une pincée		
Poivre, une pincée		
Moutarde préparée	½ c. à thé	2 mL
Ciboulette, hachée	1 c. à thé	5 mL
Vinaigre blanc	½ c. à thé	2 mL

Bien combiner tous les ingrédients dans un petit bol. Goûter et rajuster l'assaisonnement au besoin. Donne largement 75 mL (⅓ tasse), soit assez pour tartiner légèrement 3 tranches de pain, comme pour le club sandwich, page 122.

25 mL (1½ c. à soupe) : 63 calories (265 kJ); 4,5 g de matières grasses; 4 g de protéines; trace de fibres alimentaires

TACOS

Les tacos sont un joyeux plat à assembler soi-même. Il suffit d'y entasser ce qu'on veut.

Haricots frits, en conserve	14 oz	398 mL
Salsa (douce, moyenne ou épicée)	¼ tasse	60 mL
Tête de laitue, hachée	1 tasse	250 mL
Tomate, coupée en dés	1	1
Oignon rouge ou autre oignon sucré, coupé en lanières (au goût)	1	1
Cheddar doux ou mi-fort, râpé (ou Monterey Jack)	½ tasse	125 mL
Crème sure (au goût)	6 c. à soupe	100 mL
Coquilles pour taco	8 à 10	8 à 10

Chauffer les haricots dans un poêlon.

Répartir les 6 ingrédients suivants dans des contenants distincts, pour servir.

Répartir les haricots dans les coquilles pour taco. Y entasser ensuite de la salsa, de la laitue, des tomates, de l'oignon, du fromage et de la crème sure. Donne 10 tacos.

1 taco : 125 calories (523 kJ); 4,5 g de matières grasses; 5 g de protéines; 3 g de fibres alimentaires

SAUCE ROUGE

Cette sauce colorée est relevée sans l'être trop. Servir avec la casserole de fromage et de noix, page 85.

Beurre ou margarine dure	3 c. à soupe	50 mL
Oignon haché	1 ½ tasse	375 mL
Poivron vert moyen, épépiné et coupé en courtes lanières	1	1
Champignons frais, tranchés	1 tasse	250 mL
Tomates, en conserve, non égouttées, défaites	14 oz	398 mL
Eau	1 tasse	250 mL
Petite feuille de laurier	1	1
Sel	½ c. à thé	2 mL
Poivre	¼ c. à thé	1 mL
Préparation à bouillon de légumes instantané	2 c. à thé	10 mL
Poudre d'ail	⅛ c. à thé	0,5 mL
Thym moulu, une pincée		
Sucre granulé	½ c. à thé	2 mL

Faire fondre le beurre dans une poêle à frire. Y faire revenir l'oignon et le poivron jusqu'à ce qu'ils soient tendres.

Ajouter les champignons et les faire revenir 2 à 3 minutes.

Ajouter les 9 autres ingrédients. Remuer. Laisser mijoter sous couvert pendant 20 minutes, en remuant de temps en temps. Jeter la feuille de laurier. Donne 500 mL (2 tasses).

125 mL (½ tasse) : 146 calories (609 kJ); 9,8 g de matières grasses; 3 g de protéines; 3 g de fibres alimentaires

Photo à la page 89.

SAUCE TAHINI

Cette sauce est bonne comme trempette avec des hors-d'œuvre, avec les falafels, page 127, ou comme sauce avec un en-cas ou un plat de résistance.

Tahini; page 49	½ tasse	125 mL
Eau	⅓ tasse	75 mL
Jus de citron, frais ou en bouteille	⅓ tasse	75 mL
Sel	½ c. à thé	2 mL
Poudre d'ail	¼ à ½ c. à thé	1 à 2 mL

Mettre tous les ingrédients dans le mélangeur et travailler le tout jusqu'à ce que la préparation soit lisse. Donne 250 mL (1 tasse).

30 mL (2 c. à soupe) : 76 calories (319 kJ); 7 g de matières grasses; 2 g de protéines; 1 g de fibres alimentaires

Photo à la page 125.

SAUCE BRUNE

Cette sauce accompagne à merveille les galettes et pavés.

Eau	2¼ tasses	560 mL
Farine tout usage	6 c. à soupe	100 mL
Préparation à bouillon de légumes instantané	1½ c. à thé	7 mL
Poudre d'oignon	1 c. à thé	5 mL
Sel au céleri	¼ c. à thé	1 mL
Agent de brunissement	½ c. à thé	2 mL
Eau	¾ tasse	175 mL
Extrait de levure (comme Marmite ou Vegemite)	1 c. à thé	5 mL
Sel	¼ c. à thé	1 mL
Poivre	⅛ c. à thé	0,5 mL

Porter la première quantité d'eau à ébullition dans une casserole.

Mêler les 9 prochains ingrédients dans un petit bol jusqu'à obtenir un mélange lisse. Incorporer à l'eau bouillante et remuer jusqu'à ce que la préparation bouille de nouveau et épaississe. Donne 575 mL (2⅔ tasses).

75 mL (⅓ tasse) : 28 calories (115 kJ); trace de matières grasses; 1 g de protéines; trace de fibres alimentaires

SAUCE AUX ARACHIDES

Elle peut être aussi épicée qu'on le désire. À servir avec les rouleaux aux légumes, page 75.

Beurre d'arachides crémeux	¾ tasse	175 mL
Eau chaude	¾ tasse	175 mL
Vinaigre de cidre	2 c. à soupe	30 mL
Sauce soja	4 c. à thé	20 mL
Mélasse légère	2 c. à thé	10 mL
Sauce piquante au piment	½ à 1 c. à thé	2 à 5 mL

Combiner le beurre d'arachides dans l'eau chaude jusqu'à ce que le mélange soit lisse.

Ajouter les autres ingrédients. Remuer. Donne 350 mL (1½ tasse).

30 mL (2 c. à soupe) : 107 calories (446 kJ); 8,7 g de matières grasses; 4 g de protéines; 1 g de fibres alimentaires

TREMPETTE ÉPICÉE AUX ARACHIDES : Pour obtenir une trempette chaudement épicée, ajouter plus de sauce piquante au piment.

SAUCE À SALADE ÉPICÉE AUX ARACHIDES : Pour assaisonner une salade verte, incorporer de l'eau à la sauce pour qu'elle soit tout juste liquide. Y ajouter aussi plus de sauce piquante au piment, au goût.

SAUCE AUX CHAMPIGNONS

À servir avec les pains de «viande», les galettes et les boulettes pour créer un vrai festin.

Beurre ou margarine dure	¼ tasse	60 mL
Farine tout usage	¼ tasse	60 mL
Sel	½ c. à thé	2 mL
Poivre	⅛ c. à thé	0,5 mL
Préparation à bouillon de légumes instantané	2 c. à thé	10 mL
Paprika	½ c. à thé	2 mL
Eau	2 tasses	500 mL
Sauce Worcestershire	½ c. à thé	2 mL
Flocons d'oignon déshydratés	2 c. à soupe	30 mL
Champignons tranchés, en conserve, égouttés	10 oz	284 mL

Faire fondre le beurre dans une casserole. Incorporer les 5 prochains ingrédients.

Incorporer l'eau, la sauce Worcestershire et les flocons d'oignon et remuer jusqu'à ce que la préparation bouille et épaississe.

Ajouter les champignons. Remuer. Réchauffer. Donne largement 550 mL (2 ¼ tasses).

60 mL (¼ tasse) : 80 calories (334 kJ); 5,9 g de matières grasses; 1 g de protéines; 1 g de fibres alimentaires

Photo à la page 71.

SAUCE AIGRE-DOUCE

Cette sauce est idéale sur des boulettes ou des galettes de «viande».

Cassonade, tassée	1½ tasse	375 mL
Farine tout usage	¼ tasse	60 mL
Eau	1¼ tasse	300 mL
Vinaigre blanc	½ tasse	125 mL
Sauce soja	1½ c. à soupe	25 mL
Ketchup	1 c. à soupe	15 mL

Combiner la cassonade et la farine dans une casserole.

Incorporer lentement l'eau. Ajouter les 3 derniers ingrédients. Chauffer en remuant jusqu'à ce que la préparation bouille et épaississe. Donne environ 550 mL (2 ¼ tasses).

60 mL (¼ tasse) : 164 calories (685 kJ); trace de matières grasses; 1 g de protéines; trace de fibres alimentaires

SOUPE MEXICAINE AUX HARICOTS PINTO

Cette soupe riche et consistante est excellente. La salsa douce relève l'ensemble.

Beurre ou margarine dure	1 c. à soupe	15 mL
Oignon haché	½ tasse	125 mL
Ail émincé	1 c. à thé	5 mL
Eau	3 tasses	750 mL
Salsa douce (ou moyenne)	3 tasses	750 mL
Haricots pinto, non égouttés	2 × 14 oz	2 × 398 mL
Poivron rouge, haché	½ tasse	125 mL
Feuille de laurier	1	1
Préparation à bouillon de légumes instantané	2 c. à soupe	30 mL
Poivre	¼ c. à thé	1 mL
GARNITURE		
Tortillas à la farine, coupées en lanières de 4 × 2 cm (1½ × ¾ po)	2 ou 3	2 ou 3
Huile de friture		
Cheddar mi-fort, râpé ou Monterey Jack	½ tasse	125 mL

Faire fondre le beurre dans une casserole. Y faire revenir l'oignon et l'ail jusqu'à ce qu'ils soient tendres.

Ajouter les 7 prochains ingrédients. Laisser mijoter, sous couvert, pendant 1 heure. Jeter la feuille de laurier.

Garniture : Cuire les lanières de tortillas dans l'huile chauffée à 375 °F (190 °C) jusqu'à ce qu'elles soient dorées. Égoutter sur des essuie-tout.

Garnir chaque bol de soupe de fromage râpé et de lanières de tortillas. Donne 2 L (8½ tasses), soit 8 portions.

1 portion : 181 calories (757 kJ); 3,8 g de matières grasses; 8 g de protéines; 5 g de fibres alimentaires

Photo à la page 143.

MINESTRONE

Cette soupe complète se transforme en repas complet quand on la complète avec un petit pain.

Eau	8 tasses	2 L
Tomates, en conserve, non égouttées, coupées en morceaux	14 oz	398 mL
Oignon haché	2 $\frac{1}{2}$ tasses	625 mL
Carottes, tranchées fin	1 tasse	250 mL
Céleri, tranché fin	$\frac{3}{4}$ tasse	175 mL
Haricots rouges, non égouttés, en conserve	14 oz	398 mL
Haricots verts, coupés, frais ou surgelés	2 tasses	500 mL
Coudes, non cuits	2 tasses	500 mL
Préparation à bouillon de légumes instantané	2 c. à soupe	30 mL
Persil en flocons	2 c. à thé	10 mL
Sel	1 $\frac{1}{2}$ c. à thé	7 mL
Poivre	$\frac{1}{4}$ c. à thé	1 mL

Mettre les 5 premiers ingrédients dans un faitout. Porter à ébullition en remuant souvent. Couvrir. Laisser mijoter environ 35 minutes, jusqu'à ce que les légumes soient cuits.

Ajouter les haricots rouges et les haricots verts. Porter de nouveau à ébullition. Poursuivre la cuisson jusqu'à ce que les haricots verts soient tendres.

Ajouter les 5 derniers ingrédients. Couvrir. Porter de nouveau à ébullition, toujours en remuant souvent. Cuire environ 10 minutes, jusqu'à ce que les coudes soient tendres, mais encore fermes. Donne 3,37 L (13 $\frac{1}{2}$ tasses), soit 12 portions.

1 portion : 140 calories (586 kJ); 1,2 g de matières grasses; 6 g de protéines; 4 g de fibres alimentaires

Photo à la page 143.

SOUPE À LA CITROUILLE

Elle a couleur et goût de citrouille.

Beurre ou margarine dure	1 c. à soupe	15 mL
Oignon haché	1 tasse	250 mL
Tomates, en conserve, non égouttées, écrasées	14 oz	398 mL
Citrouille, en conserve (nature) ou autant de citrouille fraîche, cuite, en purée	14 oz	398 mL
Préparation à bouillon de légumes instantané	2 c. à soupe	30 mL
Eau	2 tasses	500 mL
Lait	2 tasses	500 mL
Sel	1 $\frac{1}{2}$ c. à thé	7 mL
Poivre	$\frac{1}{8}$ à $\frac{1}{4}$ c. à thé	0,5 à 1 mL

(suite...)

Faire fondre le beurre dans une grande casserole ou un faitout. Y faire revenir l'oignon jusqu'à ce qu'il soit tendre.

Ajouter les autres ingrédients. Chauffer, en remuant souvent, jusqu'à ce que la soupe soit très chaude. Ne pas laisser la soupe bouillir car elle risque de tourner. Donne 1,7 L (7 tasses).

250 mL (1 tasse) : 111 calories (466 kJ); 4,5 g de matières grasses; 4 g de protéines; 2 g de fibres alimentaires

Variante : On peut rehausser cette soupe en y ajoutant 0,5 à 1 mL (⅛ à ¼ c. à thé) de thym moulu.

SOUPE DE POIS CHICHES

Cette soupe a un goût bien particulier. Elle convient toujours.

Huile de cuisson	2 c. à soupe	30 mL
Oignon haché	1½ tasse	375 mL
Tomates, en conserve, non égouttées, défaites	14 oz	398 mL
Ketchup	2 c. à soupe	30 mL
Préparation à bouillon de légumes instantané	2 c. à soupe	30 mL
Origan entier	1 c. à thé	5 mL
Poudre d'ail	¼ c. à thé	1 mL
Sel	½ c. à thé	2 mL
Poivre	⅛ c. à thé	0,5 mL
Poivre de Cayenne	⅛ c. à thé	0,5 mL
Eau	3 tasses	750 mL
Pois chiches, en conserve, non égouttés, broyés au mélangeur	19 oz	540 mL
Yogourt nature ou crème sure, par portion	1 c. à soupe	15 mL

Chauffer l'huile dans une grande casserole. Ajouter l'oignon et le faire revenir jusqu'à ce qu'il soit tendre.

Ajouter les 9 prochains ingrédients. Chauffer en remuant souvent jusqu'à ce que la préparation bouille. Laisser bouillir doucement pendant 15 minutes.

Ajouter la purée de pois chiches. Remuer. Porter de nouveau à ébullition. Laisser bouillir doucement environ 10 minutes, le temps que les goûts se marient.

Dresser le yogourt au centre de chaque bol de soupe. Donne 1,5 L (6 tasses).

250 mL (1 tasse) : 204 calories (853 kJ); 7,8 g de matières grasses; 7 g de protéines; 4 g de fibres alimentaires

SOUPE DE HARICOTS NOIRS

Il n'y a pas de soupe plus foncée. Celle-ci est légère et savoureuse. On peut doubler ou tripler la recette.

Eau	1½ tasse	375 mL
Haricots noirs, en conserve, non égouttés	19 oz	540 mL
Préparation à bouillon de légumes instantané	4 c. à thé	20 mL
Coriandre moulue	¼ c. à thé	1 mL
Cumin moulu	¼ c. à thé	1 mL
Relish de cornichons sucrés	1 c. à thé	5 mL
Sauce piquante au piment (au goût)	¼ c. à thé	1 mL
Crème sure	2 c. à soupe	30 mL
Monterey Jack, râpé	2 c. à thé	10 mL

Passer l'eau et les haricots au mélangeur. Verser dans une casserole.

Ajouter les 5 prochains ingrédients. Remuer. Porter à ébullition en remuant souvent. Laisser bouillir doucement, à découvert, environ 10 minutes, le temps que les goûts se mêlent.

Verser dans 2 bols. Dresser 15 mL (1 c. à soupe) de crème sure sur la soupe. Répandre 5 mL (1 c. à thé) de fromage par dessus. Donne 500 mL (2 tasses).

250 mL (1 tasse) : 338 calories (1 415 kJ); 6,3 g de matières grasses; 19 g de protéines; 9 g de fibres alimentaires

SOUPE DE LENTILLES

Cette soupe est pâle. Elle cuit rapidement et a un bon goût léger.

Eau	6 tasses	1,5 L
Oignon haché	1⅓ tasse	325 mL
Lentilles roses	1⅓ tasse	325 mL
Céleri, haché	1 tasse	250 mL
Sel	1 c. à thé	5 mL
Poivre	¼ c. à thé	1 mL
Poudre d'ail	¼ c. à thé	1 mL
Préparation à bouillon de légumes instantané	2 c. à soupe	30 mL
Persil en flocons	1 c. à thé	5 mL
Feuille de laurier, en morceaux	1	1
Thym déshydraté	¼ c. à thé	1 mL

(suite...)

Combiner les 8 premiers ingrédients dans une grande casserole.

Mettre les 3 derniers ingrédients dans une boule à thé ou les nouer dans une étamine double. Ajouter au contenu de la casserole. Porter à ébullition en remuant souvent. Couvrir. Laisser mijoter environ 30 minutes, jusqu'à ce que les légumes soient tendres. Retirer le sachet d'épices. Donne 1,7 L (7 tasses).

250 mL (1 tasse) : 170 calories (710 kJ); 1,5 g de matières grasses; 12 g de protéines; 6 g de fibres alimentaires

SOUPE DE SAUCISSES ET DE LENTILLES

Cette soupe épaisse et fameuse peut suffire comme repas.

Lentilles vertes	1 tasse	250 mL
Eau	5 tasses	1,25 L
Sel	½ c. à thé	2 mL
Beurre ou margarine dure	2 c. à soupe	30 mL
Oignon haché	2 tasses	500 mL
Carottes, râpées	1 tasse	250 mL
Tomates, en conserve, non égouttées, écrasées	28 oz	796 mL
Feuille de laurier	1	1
Poudre d'ail	½ c. à thé	2 mL
Sucre granulé	½ c. à thé	2 mL
Sel	1 c. à thé	5 mL
Poivre	¼ c. à thé	1 mL
Saucisses au tofu, coupées en tranches de ¼ po (6 mm)	6	6

Cuire les lentilles dans l'eau additionnée de sel pendant 30 à 40 minutes, jusqu'à ce qu'elles soient tendres. Réserver le liquide.

Faire fondre le beurre dans une grande casserole. Ajouter l'oignon et carottes et les faire revenir jusqu'à ce qu'ils soient tendres.

Ajouter les 6 prochains ingrédients. Laisser mijoter pendant 30 minutes, en remuant de temps en temps.

Ajouter les saucisses et les lentilles. Réchauffer. Ajouter environ 500 mL (2 tasses) du liquide réservé s'il y a lieu d'éclaircir la soupe. Jeter la feuille de laurier. Donne 2 L (8 tasses).

250 mL (1 tasse) : 201 calories (841 kJ); 3,7 g de matières grasses; 17 g de protéines; 6 g de fibres alimentaires

SOUPE À L'ORGE

Les légumes à leur meilleur.

Eau	6 tasses	1,5 L
Préparation à bouillon de légumes instantané	2 c. à soupe	30 mL
Orge perlé ou mondé	⅓ tasse	75 mL
Tomates, en conserve, non égouttées, coupées en morceaux	14 oz	398 mL
Oignon haché	1½ tasse	375 mL
Céleri, haché	⅔ tasse	150 mL
Carottes, râpées	1 tasse	250 mL
Pommes de terre, râpées	1 tasse	250 mL
Rutabaga, râpé	½ tasse	125 mL
Sauce soja	1 c. à soupe	15 mL
Sel	1 c. à thé	5 mL
Poivre	¼ c. à thé	1 mL
Sucre granulé	½ c. à thé	2 mL

Persil ou ciboulette, haché, pour garnir

Combiner les 13 premiers ingrédients dans une grande casserole ou un faitout. Remuer. Porter à ébullition. Couvrir. Laisser bouillir doucement environ 1 heure, en remuant de temps en temps.

Garnir de persil et de ciboulette. Donne 2 L (8 tasses).

250 mL (1 tasse) : 98 calories (412 kJ); 1,3 g de matières grasses; 3 g de protéines; 4 g de fibres alimentaires

RISOTTO SIMPLE

Ce riz au fromage avec des tomates donnent un plat différent et rassasiant.

Riz à grains longs, non cuits	1 tasse	250 mL
Tomates, en conserve, non égouttées, écrasées	19 oz	540 mL
Eau	1 tasse	250 mL
Sucre granulé	1 c. à thé	5 mL
Sel	½ c. à thé	2 mL
Persil en flocons	1 c. à thé	5 mL
Cheddar mi-fort ou fort, râpé	2 tasses	500 mL

Combiner les 6 premiers ingrédients dans une casserole. Porter à ébullition en remuant souvent. Couvrir. Laisser mijoter environ 20 minutes, jusqu'à ce que le riz soit tendre.

Ajouter le fromage et remuer jusqu'à ce qu'il soit fondu. Donne 875 mL (3½ tasses).

125 mL (½ tasse) : 257 calories (1 077 kJ); 11,7 g de matières grasses; 11 g de protéines; 1 g de fibres alimentaires

Photo à la page 107.

CASEROLE DE BROCOLI ET DE CHOU-FLEUR

Cette casserole est nappée d'une sauce à la tomate. Le plat peut être assemblé à l'avance, puis enfourné au moment propice.

Beurre ou margarine dure	1 c. à soupe	15 mL
Oignon haché	1 tasse	250 mL
Tomates, en conserve, non égouttées, écrasées	14 oz	398 mL
Sucre granulé	1 c. à soupe	15 mL
Sel	¼ c. à thé	1 mL
Poivre	⅛ c. à thé	0,5 mL
Persil frais, haché (ou 5 mL, 1 c. à thé, de flocons)	1 c. à soupe	15 mL
Chapelure	1½ c. à soupe	25 mL
Brocoli, une tête, coupée en morceaux (375 g, ¾ lb)	4 tasses	1 L
Eau bouillante		
Chou-fleur, coupé en morceaux (1 kg, 2¼ lb, avant le découpage)	5 tasses	1,25 L
Eau bouillante		
Cheddar mi-fort ou fort, râpé	½ tasse	125 mL
Cheddar mi-fort ou fort, râpé	¼ tasse	60 mL

Faire fondre le beurre dans une poêle à frire. Faire revenir l'oignon jusqu'à ce qu'il soit tendre.

Ajouter les 6 prochains ingrédients. Remuer. Cuire à feu doux pendant 5 minutes.

Cuire le brocoli environ 7 minutes dans la première quantité d'eau bouillante, jusqu'à ce qu'il soit tendre, mais encore croquant. Bien égoutter. Mettre dans un grand bol.

Cuire le chou-fleur environ 5 minutes dans la seconde quantité d'eau bouillante, jusqu'à ce qu'il soit tendre, mais encore croquant. Bien égoutter et ajouter au brocoli.

Ajouter la première quantité de fromage aux légumes. Remuer. Verser la ½ du mélange dans une cocotte graissée de 2 L (2 pte). Arroser de la ½ de la sauce à la tomate. Ajouter l'autre ½ des légumes puis le reste de la sauce à la tomate.

Répandre le reste du fromage sur le plat. Cuire au four, à découvert, à 350 °F (175 °C) pendant 30 minutes, jusqu'à ce que le plat soit très chaud. La cuisson prend plus de temps lorsque le plat est réfrigéré. Pour 6 personnes.

1 portion : 156 calories (653 kJ); 7,6 g de matières grasses; 9 g de protéines; 4 g de fibres alimentaires

CASEROLE DE CAROTTES

Il faut toujours prévoir des portions supplémentaires de cette délicieuse casserole.

Gros œufs	3	3
Purée de carottes cuites (cuire environ 1 L, 4 tasses, de carottes coupées en gros dés)	2 tasses	500 mL
Lait	1 tasse	250 mL
Beurre ou margarine dure, fondu	¼ tasse	60 mL
Oignon, haché fin	⅓ tasse	75 mL
Sel	1 c. à thé	5 mL
Poivre	½ c. à thé	2 mL
Chapelure fine	1 tasse	250 mL

Battre les œufs dans un bol jusqu'à ce qu'ils soient mousseux. Ajouter les 6 prochains ingrédients. Bien mélanger.

Ajouter la chapelure. Remuer pour combiner. Entasser le mélange dans une cocotte non graissée de 2 L (2 pte). Cuire au four, à découvert, à 350 °F (175 °C) pendant 1 heure. Pour 8 personnes.

1 portion : 185 calories (772 kJ); 9,4 g de matières grasses; 6 g de protéines; 2 g de fibres alimentaires

PATATES DOUCES DOUBLES

On cuit les patates, on les tranche, on les place sur une plaque, on les arrose de sauce et on les réchauffe dans le four.

Patates douces moyennes	2 lb	900 g
Eau bouillante		
Beurre ou margarine dure	1 c. à soupe	15 mL
Cassonade, tassée	¼ tasse	60 mL
Jus de citron, frais ou en bouteille	1½ c. à thé	7 mL
Sel	¹⁄₁₆ c. à thé	0,5 mL
Poivre, une pincée		

Peler les patates douces et les cuire dans l'eau jusqu'à ce qu'elles soient tout juste tendres. Égoutter. Trancher et disposer sur une plaque à pâtisserie graissée. Les tranches doivent être plus épaisses que pour un gratin dauphinois.

Faire fondre le beurre dans une casserole. Ajouter la cassonade, le jus de citron et le sel. Arroser les tranches de patates.

Poivrer légèrement. Cuire au four à 350 °F (175 °C) pendant 15 à 20 minutes, jusqu'à ce que les patates soient chaudes. Pour 6 personnes.

1 portion : 211 calories (885 kJ); 2,4 g de matières grasses; 3 g de protéines; 4 g de fibres alimentaires

PILAF DE LENTILLES

Ce plat épicé contient des gros morceaux. Il est excellent.

Tomates étuvées, en conserve	14 oz	398 mL
Eau	2 tasses	500 mL
Riz brun	½ tasse	125 mL
Lentilles vertes	¼ tasse	60 mL
Lentilles roses	¼ tasse	60 mL
Oignon haché	½ tasse	125 mL
Céleri, haché	¼ tasse	60 mL
Préparation à bouillon de légumes instantané	1 c. à soupe	15 mL
Basilic déshydraté	1½ c. à thé	7 mL
Poivre	¼ c. à thé	1 mL
Cheddar mi-fort ou fort, râpé	1 tasse	250 mL

Combiner les 10 premiers ingrédients. Porter à ébullition, en remuant souvent. Laisser mijoter sous couvert jusqu'à ce que le riz et les lentilles soient tendres, environ 60 minutes.

Ajouter le fromage. Remuer jusqu'à ce qu'il ait fondu. Donne 875 mL (3½ tasses).

125 mL (½ tasse) : 201 calories (841 kJ); 6,8 g de matières grasses; 10 g de protéines; 3 g de fibres alimentaires

Photo à la page 71.

PETITS POIS DE LUXE

Ce plat fort élégant a aussi fort bon goût.

Huile de cuisson	1 c. à soupe	15 mL
Eau	2 c. à soupe	30 mL
Petits oignons blancs, en conserve dans la saumure, égouttés (ou 500 mL, 2 tasses, d'oignons perles cuits, égouttés)	14 oz	398 mL
Champignons frais, tranchés	2 tasses	500 mL
Petits pois, frais ou surgelés	2 tasses	500 mL
Sel, une pincée		
Poivre, une pincée		

Chauffer l'huile et l'eau dans une poêle à frire.

Ajouter les légumes. Saler et poivrer. Faire revenir sous couvert jusqu'à ce que les petits pois soient cuits. Vider la poêle avec une écumoire et recueillir dans un plat. Donne 825 mL (3½ tasses).

125 mL (½ tasse) : 76 calories (317 kJ); 2,3 g de matières grasses; 3 g de protéines; 3 g de fibres alimentaires

Photo à la page 35.

RIZ FRIT

Il n'est pas frit de la manière conventionnelle. Les ingrédients frits sont incorporés au riz cuit. Ce plat se distingue par le goût et l'apparence.

Huile de cuisson	2 c. à soupe	30 mL
Oignon haché	½ tasse	125 mL
Feuilles de coriandre, hachées	1 c. à soupe	15 mL
Sel	1 c. à thé	5 mL
Curcuma	$\frac{1}{16}$ c. à thé	0,5 mL
Riz basmati	1 tasse	250 mL
Eau	2 tasses	500 mL

Chauffer l'huile dans une poêle à frire. Y faire revenir l'oignon jusqu'à ce qu'il soit tendre et transparent.

Ajouter les épices. Remuer environ 30 secondes. Mettre de côté.

Laisser mijoter le riz dans l'eau environ 15 minutes, jusqu'à ce qu'il soit tendre et ait absorbé toute l'eau. Incorporer le premier mélange au riz chaud. Donne 1 L (4 tasses).

125 mL (½ tasse) : 124 calories (518 kJ); 3,6 g de matières grasses; 2 g de protéines; trace de fibres alimentaires

1. Biscuits de pâte aux fines herbes page 44
2. Pâté aux légumes page 104
3. Soupe mexicaine aux haricots pinto page 133
4. Minestrone page 134

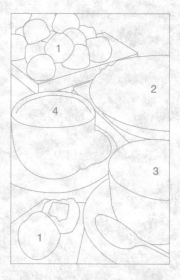

Bols et couverts fournis par :
Stokes

Serviettes fournies par :
La Cache

PÂTES PRINTANIÈRES

Ce colossal mélange coloré de pâtes et de légumes est inoubliable.

Brocoli, grossièrement haché	6 tasses	1,5 L
Courgettes, coupées en juliennes	3 tasses	750 mL
Petits pois, surgelés	2 tasses	500 mL
Eau salée bouillante		
Huile de cuisson	1 c. à soupe	15 mL
Gousse d'ail, émincée	1	1
Champignons frais, tranchés	2 tasses	500 mL
Tomates, en conserve, égouttées et défaites	14 oz	398 mL
Persil frais, haché	¼ tasse	60 mL
PÂTES		
Linguine	1 lb	454 g
Eau bouillante	4 pte	4 L
Huile de cuisson (facultative)	1 c. à soupe	15 mL
Sel	1 c. à soupe	15 mL
Lait écrémé évaporé	13½ oz	385 mL
Parmesan, râpé	½ tasse	125 mL
Sel	1 c. à thé	5 mL

Parmesan, râpé, une pincée

Cuire les légumes dans l'eau salée bouillante dans une casserole, pendant 3 minutes, jusqu'à ce qu'ils soient tendres, mais croquants. Égoutter. Mettre de côté.

Chauffer l'huile dans un wok ou une poêle à frire. Ajouter l'ail et les champignons. Les faire revenir jusqu'à ce qu'ils soient tendres et qu'il ne reste plus de liquide.

Ajouter les tomates et le persil. Faire revenir pendant 1 minute. Retirer du feu.

Pâtes : Cuire les linguine dans l'eau bouillante additionnée de l'huile et du sel, dans un faitout découvert, jusqu'à ce qu'ils soient tendres, mais encore fermes, soit 9 à 11 minutes. Les égoutter, puis les mettre dans le wok. Y ajouter les légumes.

Ajouter ensuite le lait, la première quantité de parmesan et le sel. Chauffer en remuant jusqu'à ce que la préparation mijote. Laisser mijoter environ 3 minutes, jusqu'à ce que la sauce épaississe légèrement. Verser dans un grand bol.

Répandre la seconde quantité de parmesan sur le dessus. Donne 3,25 L (13 tasses).

250 mL (1 tasse) : *228 calories (954 kJ); 3,5 g de matières grasses; 12 g de protéines; 4 g de fibres alimentaires*

Photo sur la couverture.

FRICASSÉ DE LÉGUMES

Un plat coloré et fameux. Le tofu prend le goût de la sauce soja.

Sauce soja	3 c. à soupe	50 mL
Sherry (ou sherry sans alcool)	3 c. à soupe	50 mL
Eau	3 c. à soupe	50 mL
Poudre d'ail	¼ c. à thé	1 mL
Gingembre moulu	¼ c. à thé	1 mL
Tofu ferme, coupé en cubes ou en dés	1 tasse	250 mL
Huile de cuisson	1 c. à soupe	15 mL
Gros oignon, coupé en deux sur la longueur et tranché fin	1	1
Poivron rouge, épépiné et coupé en lanières	1	1
Pois mange-tout, frais ou surgelés, dégelés	6 oz	170 g
Champignons frais, tranchés	1½ tasse	375 mL
Germes de soja, 2 grosses poignées		
Tomates cerises, coupées en deux	8 à 10	8 à 10
Fécule de maïs	1½ c. à thé	7 mL

Combiner les 6 premiers ingrédients dans un petit bol. Laisser reposer 1½ heure, en remuant de temps en temps.

Chauffer l'huile dans un wok ou une grande poêle à frire. Ajouter l'oignon et le faire revenir pendant 2 à 3 minutes.

Ajouter le poivron et les pois. Faire revenir 2 minutes de plus.

Ajouter les champignons, les germes de soja et les tomates cerises. Faire revenir 1 minute. Réserver dans un grand bol. Avec une écumoire, mettre le tofu dans le wok. Réserver le mélange de sauce soja. Rajouter de l'huile dans le wok au besoin. Faire revenir doucement le tofu, en remuant, jusqu'à ce qu'il soit légèrement doré. Remettre dans le wok les légumes réservés. Réchauffer le tout.

Délayer la fécule de maïs dans le mélange de sauce soja réservé. Verser dans le wok. Faire revenir en remuant jusqu'à ce que la sauce épaississe. Pour 4 personnes.

1 portion : 200 calories (835 kJ); 9,7 g de matières grasses; 14 g de protéines; 3 g de fibres alimentaires

Photo à la page 53.

Le ri-ZO-to est un beau plat à préparer quand on dispose de temps. En effet, il faut remuer pratiquement sans arrêt cette spécialité italienne alors qu'on y ajoute du bouillon. On obtient un plat de riz crémeux.

Beurre ou margarine dure	2 c. à soupe	30 mL
Oignon, haché fin	1 tasse	250 mL
Riz arborio (voir remarque)	1½ tasse	375 mL
Préparation à bouillon de légumes instantané	2 c. à soupe	30 mL
Eau bouillante	5 tasses	1,25 L
Vin rouge (ou vin rouge sans alcool) ou deux fois autant de vin blanc (facultatif)	2 c. à soupe	30 mL
Parmesan, râpé	2 c. à soupe	30 mL

Faire fondre le beurre dans un poêlon. Y faire revenir l'oignon jusqu'à ce qu'il soit tendre. Ne pas laisser brunir le beurre.

Ajouter le riz. Remuer jusqu'à ce que le riz ait absorbé le beurre, mais sans sécher le riz. Veiller à ce que la cuisson se fasse à feu doux.

Délayer la préparation à bouillon dans l'eau bouillante dans une autre casserole. Laisser mijoter. Ajouter 250 mL (1 tasse) de bouillon au riz. Remuer souvent. Une fois le bouillon absorbé par le riz, ajouter encore 250 mL (1 tasse) de bouillon. Continuer ainsi jusqu'à ce qu'il ne reste plus de bouillon. Le riz est prêt quand il est crémeux, mais pas collant, et tendre, mais encore ferme. La cuisson prend environ 25 minutes.

Ajouter le vin, s'il y a lieu. Remuer.

Ajouter le fromage. Remuer. Retirer du feu. Servir avec du parmesan. Donne 1 L (4 tasses).

125 mL (½ tasse) : 200 calories (835 kJ); 4,6 g de matières grasses; 4 g de protéines; 1 g de fibres alimentaires

Remarque : Il faut du riz arborio à l'italienne pour confectionner ce plat. On peut le remplacer par du riz à grains courts canadien ou américain, mais il faut alors ajouter un peu plus de bouillon de légumes.

ROULÉ AUX ÉPINARDS

Ce rouleau vert et blanc est sûr d'alimenter la conversation.

ROULÉ

Beurre ou margarine dure	2 c. à soupe	30 mL
Oignon haché	1½ tasse	375 mL
Épinards surgelés, hachés, dégelés et essorés	2 × 10 oz	2 × 300 g
Gros œufs, à la température de la pièce	4	4
Farine tout usage	1 tasse	250 mL
Poudre à pâte	2 c. à thé	10 mL
Persil en flocons	1 c. à thé	5 mL
Muscade moulue	¼ c. à thé	1 mL
Sel	½ c. à thé	2 mL
Poivre	⅛ c. à thé	0,5 mL

GARNITURE

Fromage cottage en crème	2 tasses	500 mL
Ciboulette, hachée	2 c. à thé	10 mL
Persil en flocons	1 c. à thé	5 mL
Poudre d'oignon	¼ c. à thé	1 mL

Roulé : Faire fondre le beurre dans une poêle à frire. Y faire revenir l'oignon jusqu'à ce qu'il soit tendre.

Ajouter les épinards. Les faire revenir jusqu'à ce que tout le liquide se soit évaporé. Laisser refroidir.

Battre les œufs dans un grand bol jusqu'à ce qu'ils soient pâles et crémeux. Incorporer doucement les 6 prochains ingrédients. Incorporer ensuite le mélange d'épinards. Étaler le tout dans un moule à gâteau roulé garni de papier ciré graissé et mesurant 25 × 38 cm (10 × 15 po). Cuire au four à 400 °F (205 °C) environ 15 minutes, jusqu'à ce qu'un cure-dents inséré au centre ressorte sec. Démouler sur un second morceau de papier ciré. Décoller le papier ciré du roulé. Enrouler à l'aide du papier ciré du dessous, en commençant par le bord étroit. Laisser refroidir.

Garniture : Combiner les 4 ingrédients dans un bol. Dérouler le roulé. Étaler la garniture dessus. Enrouler de nouveau à l'aide du papier ciré. On peut servir le roulé froid, mais il est meilleur si on le tranche puis que l'on dispose les tranches sur une plaque à pâtisserie graissée, qu'on les recouvre de papier d'aluminium et que l'on réchauffe le tout au four, à 425 °F (220 °C) pendant 5 minutes. Donne 12 tranches.

1 tranche : 142 calories (594 kJ); 5,6 g de matières grasses; 10 g de protéines; 2 g de fibres alimentaires

Photo à la page 17.

SUPRÊMES CHOUX DE BRUXELLES

Une garniture fameuse se cache dans ce plat excellent et alléchant.

Chou de Bruxelles, surgelés	2 × 10 oz	2 × 284 g
Oignon, haché fin	½ tasse	125 mL
Eau salée bouillante, pour couvrir		
ASSAISONNEMENT		
Chapelure	1 ¼ tasse	300 mL
Flocons d'oignon déshydratés	1 c. à soupe	15 mL
Persil en flocons	1 c. à thé	5 mL
Assaisonnement pour volaille	½ c. à thé	2 mL
Sel	¼ c. à thé	1 mL
Poivre	¹⁄₁₆ c. à thé	0,5 mL
Eau	½ tasse	125 mL
SAUCE		
Beurre ou margarine dure	2 c. à soupe	30 mL
Farine tout usage	3 c. à soupe	50 mL
Sel	½ c. à thé	2 mL
Poivre	⅛ c. à thé	0,5 mL
Lait	2 tasses	500 mL
Havarti, râpé (ou édam ou gouda)	½ tasse	125 mL
Muscade moulue	⅛ c. à thé	0,5 mL
GARNITURE		
Havarti, râpé (ou édam ou gouda)	½ tasse	125 mL

Cuire les choux de Bruxelles et l'oignon dans l'eau salée bouillante jusqu'à ce qu'ils soient tendres. Égoutter.

Assaisonnement : Combiner les 6 premiers ingrédients dans un petit bol.

Ajouter l'eau. Bien mélanger.

Sauce : Faire fondre le beurre dans une casserole. Incorporer la farine, le sel et le poivre. Ajouter le lait en remuant jusqu'à ce que la sauce bouille et épaississe.

Ajouter le fromage et la muscade. Remuer. Retirer du feu. Étaler la ½ des choux de Bruxelles dans une cocotte graissée de 2 L (2 pte). Arroser du ⅓ de la sauce. Répandre l'assaisonnement sur la sauce. Ajouter le reste des choux de Bruxelles, puis napper du reste de sauce.

Garniture : Répandre le fromage sur le plat. Cuire au four, à découvert, à 350 °F (175 °C) environ 30 minutes, jusqu'à ce que le tout soit chaud. Pour 8 personnes.

1 portion : 226 calories (946 kJ); 9,5 g de matières grasses; 11 g de protéines; 3 g de fibres alimentaires

CARRÉS DE LÉGUMES

Avec sa garniture qui rappelle un soufflé sur un fond foncé, ce plat contient un bel assortiment de légumes.

FOND

Chou râpé, légèrement tassé	1 tasse	250 mL
Carottes, râpées, légèrement tassées	4 tasses	1 L
Pommes de terre, râpées, légèrement tassées	1 tasse	250 mL
Préparation à bouillon de légumes instantané	2 c. à thé	10 mL
Eau bouillante	1 tasse	250 mL
Petits pois, frais ou surgelés	1 tasse	250 mL
Persil en flocons (ou 4 fois autant de persil frais)	1½ c. à thé	7 mL
Farine tout usage	2 c. à soupe	30 mL
Sauce soja	2 c. à thé	10 mL
Sel	1 c. à thé	5 mL
Poivre	¼ c. à thé	1 mL
Poudre d'oignon	½ c. à thé	2 mL
Chapelure	1½ tasse	375 mL

PREMIÈRE COUCHE

Beurre ou margarine dure	2 c. à soupe	30 mL
Farine tout usage	2 c. à soupe	30 mL
Sel	½ c. à thé	2 mL
Poivre	⅛ c. à thé	0,5 mL
Poudre d'oignon	⅛ c. à thé	0,5 mL
Yogourt nature	½ tasse	125 mL
Gros œufs	3	3
Cheddar mi-fort ou fort, râpé	¾ tasse	175 mL

FOND : Combiner les 5 premiers ingrédients dans une casserole. Laisser mijoter à feu doux jusqu'à ce que les légumes soient tendres, mais en veillant à ne pas laisser évaporer toute l'eau. En rajouter au besoin. Laisser refroidir légèrement. Mettre les légumes dans le mélangeur.

Ajouter les 7 prochains ingrédients au contenu du mélangeur. Réduire en purée lisse. Verser dans un bol.

Incorporer la chapelure. Étaler le tout dans un plat graissé de 20 x 20 cm (8 x 8 po).

Première couche : Faire fondre le beurre dans une casserole. Incorporer la farine et les assaisonnements. Incorporer ensuite le yogourt et remuer jusqu'à ce que la préparation bouille et épaississe. Retirer du feu. Laisser refroidir légèrement.

Incorporer les œufs en battant, 1 à la fois. Ajouter le fromage. Remuer. Verser le tout sur le fond, dans le plat. Cuire au four, à découvert, à 350 °F (175 °C) environ 40 minutes. Pour 6 personnes.

1 portion : 388 calories (1 625 kJ); 13,8 g de matières grasses; 16 g de protéines; 6 g de fibres alimentaires

TABLEAUX DE MESURES

Dans cet ouvrage, les quantités sont données en mesures impériales et métriques. Pour compenser l'écart entre les quantités quand elles sont arrondies, une pleine mesure métrique n'est pas toujours utilisée. La tasse correspond aux huit onces liquides courantes. La température est donnée en degrés Fahrenheit et Celsius. Les dimensions des moules et des récipients sont en pouces et en centimètres ainsi qu'en pintes et en litres. Une table de conversion métrique exacte, avec l'équivalence pratique (mesure courante), suit.

TEMPÉRATURES DU FOUR

Fahrenheit (°F)	Celsius (°C)
175°	80°
200°	95°
225°	110°
250°	120°
275°	140°
300°	150°
325°	160°
350°	175°
375°	190°
400°	205°
425°	220°
450°	230°
475°	240°
500°	260°

CUILLERÉES

Mesure courante	Métrique Conversion exacte, en millilitres (mL)	Métrique Mesure standard, en millilitres (mL)
⅛ cuillerée à thé (c. à thé)	0,6 mL	0,5 mL
¼ cuillerée à thé (c. à thé)	1,2 mL	1 mL
½ cuillerée à thé (c. à thé)	2,4 mL	2 mL
1 cuillerée à thé (c. à thé)	4,7 mL	5 mL
2 cuillerées à thé (c. à thé)	9,4 mL	10 mL
1 cuillerée à soupe (c. à soupe)	14,2 mL	15 mL

TASSES

¼ tasse (4 c. à soupe)	56,8 mL	50 mL
⅓ tasse (5 ⅓ c. à soupe)	75,6 mL	75 mL
½ tasse (8 c. à soupe)	113,7 mL	125 mL
⅔ tasse (10 ⅔ c. à soupe)	151,2 mL	150 mL
¾ tasse (12 c. à soupe)	170,5 mL	175 mL
1 tasse (16 c. à soupe)	227,3 mL	250 mL
4 ½ tasses	1 022,9 mL	1 000 mL (1 L)

MOULES

Impériale, en pouces	Métrique, en centimètres
8x8 po	20x20 cm
9x9 po	22x22 cm
9x13 po	22x33 cm
10x15 po	25x38 cm
11x17 po	28x43 cm
8x2 po (rond)	20x5 cm
9x2 po (rond)	22x5 cm
10x4 ½ po (cheminée)	25x11 cm
8x4x3 po (pain)	20x10x7 cm
9x5x3 po (pain)	22x12x7 cm

MESURES SÈCHES

Mesure Impériale, en onces (oz)	Métrique Conversion exacte, en grammes (g)	Métrique Mesure standard en grammes (g)
1 oz	28,3 g	30 g
2 oz	56,7 g	55 g
3 oz	85,0 g	85 g
4 oz	113,4 g	125 g
5 oz	141,7 g	140 g
6 oz	170,1 g	170 g
7 oz	198,4 g	200 g
8 oz	226,8 g	250 g
16 oz	453,6 g	500 g
32 oz	907,2 g	1 000 g (1 kg)

RÉCIPIENTS (Canada et Grande-Bretagne)

Mesure impériale	Mesure exacte
1 pte (5 tasses)	1,13 L
1 ½ pte (7 ½ tasses)	1,69 L
2 pte (10 tasses)	2,25 L
2 ½ pte (12 ½ tasses)	2,81 L
3 pte (15 tasses)	3,38 L
4 pte (20 tasses)	4,5 L
5 pte (25 tasses)	5,63 L

RÉCIPIENTS (États-Unis)

Mesure impériale	Mesure exacte
1 pte (4 tasses)	900 mL
1 ½ pte (6 tasses)	1,35 L
2 pte (8 tasses)	1,8 L
2 ½ pte (10 tasses)	2,25 L
3 pte (12 tasses)	2,7 L
4 pte (16 tasses)	3,6 L
5 pte (20 tasses)	4,5 L

INDEX

Les livres de cuisine Jean Paré sont vendus au détail partout

COUPON DE COMMANDE PAR CORRESPONDANCE

Remise de 5 $ sur chaque tranche de 35 $ du montant total de la commande

Économisez 5,00 $

LIVRES DE CUISINE JEAN PARÉ

FRANÇAIS

Quantité		Quantité		Quantité	
	150 délicieux carrés		Recettes légères		La cuisine pour les enfants
	Les casseroles		Les salades		Poissons et fruits de mer
	Muffins et plus		La cuisson au micro-ondes		Les pains
	Les dîners		Les pâtes		*nouveauté* La cuisine sans viande
	Les barbecues		Les conserves		*nouveauté* La cuisine pour deux (septembre 1997)
	Les tartes		Les casseroles légères		
	Délices des fêtes		Poulet, etc.		

N^{BRE} DE LIVRES · COÛT

PREMIER LIVRE : 12,99 $ + 3,00 $ (frais d'expédition) = **15,99 $ l'exemplaire** x [ ] = [ ] $

LIVRES SUPPLÉMENTAIRES : 12,99 $ + 1,50 $ (frais d'expédition) = **14,49 $ l'exemplaire** x [ ] = [ ] $

SÉRIE COMPANY'S COMING

ANGLAIS

Quantité		Quantité		Quantité	
	150 Delicious Squares		Vegetables		Microwave Cooking
	Casseroles		Main Courses		Preserves
	Muffins & More		Pasta		Light Casseroles
	Salads		Cakes		Chicken, Etc.
	Appetizers		Barbecues		Kids Cooking
	Desserts		Dinners of the World		Fish & Seafood
	Soups & Sandwiches		Lunches		Breads
	Holiday Entertaining		Pies		*nouveauté* Meatless Cooking
	Cookies		Light Recipes		*nouveauté* Cooking For Two (septembre 1997)

N^{BRE} DE LIVRES · COÛT

PREMIER LIVRE : 12,99 $ + 3,00 $ (frais d'expédition) = **15,99 $ l'exemplaire** x [ ] = [ ] $

LIVRES SUPPLÉMENTAIRES : 12,99 $ + 1,50 $ (frais d'expédition) = **14,49 $ l'exemplaire** x [ ] = [ ] $

SÉRIE PINT SIZE

Quantité		Quantité		Quantité	
	Finger Food		Buffets		Chocolate
	Party Planning		Baking Delights		

N^{BRE} DE LIVRES · COÛT

PREMIER LIVRE : 4,99 $ + 2,00 $ (frais d'expédition) = **6,99 $ l'exemplaire** x [ ] = [ ] $

LIVRES SUPPLÉMENTAIRES : 4,99 $ + 1,00 $ (frais d'expédition) = **5,99 $ l'exemplaire** x [ ] = [ ] $

TOTAL

- **FAIRE LE CHÈQUE OU LE MANDAT À :** *COMPANY'S COMING PUBLISHING LIMITED*

- **COMMANDES HORS CANADA :** *Doivent être réglées en devises américaines par chèque ou mandat tiré sur une banque canadienne ou américaine.*

- *Prix susceptibles de changer sans préavis.*

- *Désolé, pas de paiement sur livraison.*

MONTANT TOTAL DE LA COMMANDE	[ ] $
Moins remise de 5 $ sur chaque tranche de 35 $ −	[ ] $
SOUS-TOTAL	[ ] $
T.P.S. au Canada seulement +	[ ] $
MONTANT TOTAL INCLUS	[ ] $

Prière d'inscrire l'adresse du destinataire au verso

Offrez le plaisir de la bonne chère

- Laissez-nous vous simplifier la vie!
- Nous expédierons directement, en cadeau de votre part, des livres de cuisine aux destinataires dont vous nous fournissez les noms et adresses.
- N'oubliez pas de préciser le titre des livres que vous voulez offrir à chaque personne.
- Vous pouvez même nous faire parvenir un mot ou une carte à l'intention du destinataire. Nous nous ferons un plaisir de l'inclure avec les livres.
- Les Livres de cuisine Jean Paré font toujours des heureux. Anniversaires, réceptions données en l'honneur d'une future mariée, fête des Mères ou des Pères, l'obtention d'un diplôme... ce ne sont pas les occasions qui manquent. Collectionnez-les tous!

Adresse du destinataire

Veuillez expédier les Livres de cuisine Jean Paré cochés à l'endos de ce coupon à :

Nom :

Rue :

Ville :   Province ou État :

Code postal ou zip :   Tél. : (   )   —

LIVRES DE CUISINE

Company's Coming Publishing Limited
C.P. 8037, succursale F
Edmonton (Alberta) Canada T6H 4N9
Tél. : (403) 450-6223 (en anglais)
Télécopieur : (403) 450-1857

Collectionnez tous les titres des livres de cuisine Jean Paré.

Demandez ces best-sellers dans votre magasin préféré!

Prix au détail suggéré 12,99 $

- ❑ 150 DÉLICIEUX CARRÉS
- ❑ LES CASSEROLES
- ❑ MUFFINS ET PLUS
- ❑ LES DÎNERS
- ❑ LES BARBECUES
- ❑ LES TARTES
- ❑ DÉLICES DES FÊTES
- ❑ RECETTES LÉGÈRES
- ❑ LES SALADES
- ❑ LA CUISSON AU MICRO-ONDES
- ❑ LES PÂTES
- ❑ LES CONSERVES
- ❑ LES CASSEROLES LÉGÈRES
- ❑ POULET, ETC.
- ❑ LA CUISINE POUR LES ENFANTS
- ❑ POISSONS ET FRUITS DE MER
- ❑ LES PAINS
- ❑ LA CUISINE SANS VIANDE
- ❑ LA CUISINE POUR DEUX (septembre 1997)

LIVRES DE CUISINE

Recette-échantillon extraite de
LA CUISINE POUR DEUX

COQ AU VIN

Cette excellente variante est certainement peu ordinaire.

Margarine dure (le beurre brunit trop vite)	1 c. à soupe	15 mL
Morceaux de poulet, dépouillés	4 ou 5	4 ou 5
Farine tout usage	1/4 tasse	60 mL
Oignon, tranché	1/2 tasse	125 mL
Tomates, en conserve, écrasées	14 oz	398 mL
Champignons entiers, en conserve, égouttés	10 oz	284 mL
Feuille de laurier	1	1
Poudre d'ail	1/8 c. à thé	0,5 mL
Sucre granulé	1/4 c. à thé	1 mL
Sel, une pincée		
Poivre, une pincée		
Vin rouge (ou vin sans alcool	1/2 tasse	60 mL

Faire fondre la margarine dans une poêle à frire. Tremper les morceaux de poulet dans la farine. Faire dorer le poulet dans la poêle. Mettre les morceaux dans une cocotte non graissée de 1,5 L (1 1/2 pte).

Faire dorer l'oignon dans la poêle.

Ajouter les 7 prochains ingrédients. Remuer. Cuire à feu doux pendant 5 minutes. Jeter la feuille de laurier.

Incorporer le vin. Verser la sauce sur le poulet. Couvrir. Cuire au four à 325 °F (160 °C) pendant 1 à 1 1/2 heure jusqu'à ce que le poulet soit tendre. Pour 2 personnes.

Servez-vous de cette liste pour compléter votre collection de **livres de cuisine Jean Paré.**